"通古察今"系列丛书

# "帅型祖考"
## ——周代的祖先崇拜

罗新慧 著

河南人民出版社

# 图书在版编目(CIP)数据

"帅型祖考":周代的祖先崇拜 / 罗新慧著. ——郑州:河南人民出版社,2019.12(2025.3重印)
("通古察今"系列丛书)
ISBN 978-7-215-12102-7

Ⅰ.①帅… Ⅱ.①罗… Ⅲ.①祖先崇拜-研究-中国-周代 Ⅳ.①B933

中国版本图书馆CIP数据核字(2019)第263934号

河南人民出版社 出版发行
(地址:郑州市郑东新区祥盛街27号 邮政编码:450016 电话:0371-65788077)
新华书店经销　　环球东方(北京)印务有限公司印刷
开本　787mm×1092mm　　1/32　　印张　4.5
字数　59千
2019年12月第1版　　　　　2025年3月第2次印刷

定价:48.00元

# "通古察今"系列丛书编辑委员会

顾　问　刘家和　瞿林东　郑师渠　晁福林
主　任　杨共乐
副主任　李　帆
委　员　（按姓氏拼音排序）
　　　　安　然　陈　涛　董立河　杜水生　郭家宏
　　　　侯树栋　黄国辉　姜海军　李　渊　刘林海
　　　　罗新慧　毛瑞方　宁　欣　庞冠群　吴　琼
　　　　张　皓　张建华　张　升　张　越　赵　贞
　　　　郑　林　周文玖

# 序　言

在北京师范大学的百余年发展历程中，历史学科始终占有重要地位。经过几代人的不懈努力，今天的北京师范大学历史学院业已成为史学研究的重要基地，是国家首批博士学位一级学科授予权单位，拥有国家重点学科、博士后流动站、教育部人文社会科学重点研究基地等一系列学术平台，综合实力居全国高校历史学科前列。目前被列入国家一流大学一流学科建设行列，正在向世界一流学科迈进。在教学方面，历史学院的课程改革、教材编纂、教书育人，都取得了显著的成绩，曾荣获国家教学改革成果一等奖。在科学研究方面，同样取得了令人瞩目的成就，在出版了由白寿彝教授任总主编、被学术界誉为"20世纪中国史学的压轴之作"的多卷本《中国通史》后，一批底蕴深厚、质量高超的学术论著相继问世，如八卷本《中国文化发展史》、二十卷本"中国古代社会和政治研究丛书"、三卷本《清代理学史》、五卷本《历史文化认同与中国统一多民族国家》、二十三卷本《陈垣全集》，以及《历史视野下的中华民族精神》《中西古代历史、史学与理论比较研究》《上博简〈诗论〉研究》等，这些著作皆声誉卓著，在学界产生较大影响，得到同行普遍好评。

除上述著作外，历史学院的教师们潜心学术，以探索精神攻关，又陆续取得了众多具有原创性的成果，在历史学各分支学科的研究上连创佳绩，始终处在学科前沿。为了集中展示历史学院的这些探索性成果，我们组织编写了这套"通古察今"系列丛书。丛书所收著作多以问题为导向，集中解决古今中外历史上值得关注的重要学术问题，篇幅虽小，然问题意识明显，学术视野尤为开阔。希冀它的出版，在促进北京师范大学历史学科更好发展的同时，为学术界乃至全社会贡献一批真正立得住的学术佳作。

当然，作为探索性的系列丛书，不成熟乃至疏漏之处在所难免，还望学界同人不吝赐教。

北京师范大学历史学院
北京师范大学史学理论与史学史研究中心
北京师范大学"通古察今"系列丛书编辑委员会
2019年1月

# 目 录

前 言 \ 1

## 一、祖先形象与周人的祖先崇拜 \ 5

（一）完美至极的祖先形象 \ 7

（二）祖先形象的特点 \ 17

（三）祖先形象的变化 \ 28

（四）结语：对于先祖的共同想象 \ 38

## 二、周代的"威仪"观念 \ 41

（一）西周时期祖先的威仪 \ 43

（二）春秋时期威仪观念的变化 \ 56

## 三、"帅型祖考"和"内得于己"\71
　　——周代"德"观念的演化
　　（一）德之源："上帝降德"与"祖考之德"\75
　　（二）"仪刑文王"与文王之德\90
　　（三）"为民之极"："自我"的凸显与"成德"路径的
　　　　　转换\104
　　（四）余论：周代的"天德"与"祖德"\115

## 参考资料\120

# 前　言

古代中国的社会历史发展中，对于传统的认可与承继是为一大特色。在上古时代，传统首先体现在祖考的业绩、德操和形象等方面。人们通过尊祖敬宗来延续先祖的传统。以周代而言，尊祖是宗法观念的核心内容之一。《礼记·丧服小记》说：

尊祖故敬宗。敬宗所以尊祖祢也。[1]

《礼记·大传》亦谓：

亲亲故尊祖。尊祖故敬宗。敬宗故收族。收

---

[1] 阮元校刻：《十三经注疏·礼记正义》卷三十二，北京：中华书局，1980年，第1495页。

## "帅型祖考"

族故宗庙严。宗庙严故重社稷。[1]

宗族是周代社会的主干和基本单位，它的健康有序的发展是社会稳定和谐的保障。由亲亲这一观念所形成的"尊祖"，会影响到"社稷"的巩固。其重要性质于此可见。尊祖敬宗的直接结果，用船山先生的话来说，就是"等杀立焉"，体现着"先王尊亲之大义"。所谓尊祖，就是敬服宗子，"以著其德厚流光之盛"[2]。

周代贵族接受王命所赐爵位、品服、仪仗、职官是世卿世禄制的关键。周天子的赐命之辞见于周代众多彝铭。在赐命铭辞中称赞受赐者祖考的功绩，成为赐命的重要理由之一。可举一例，以示一般。西周中期的《师毁簋》铭文载：

命汝更（赓）乃祖考司小辅，今余唯申就乃命，命汝司乃祖旧官。（《集成》4324）

---

[1] 阮元校刻：《十三经注疏·礼记正义》卷三十四，北京：中华书局，1980年，第1508页。
[2] 王夫之：《礼记章句》卷十五，见《船山全书》第四册，长沙：岳麓书社，2011年，第794页。

# 前言

意谓周王命名氎职官是师者赓续其祖考的职司，如今周王继续重申这个任命，命令氎担任祖考的旧职。类似的册命辞语多见，几成彝铭习语。由此可见尊祖不仅是宗族内部的观念，亦是国家与社会十分重视的观念。

周人敬拜祖先、祭之如仪之时，祖先的形象必定浮现于眼前。周人祖先的形象，不具有个体色彩，他是理想境地下祖先所应当具有的完美形象。这一祖先形象一方面是对现实中祖先形象的抽象、概括，另一方面也是对祖先形象的神化，从而增强祖先的神性。周人的祖先形象具有想象性质，是周人价值观念、信仰观念的反映。前引船山先生语"著其德厚流光之盛"，在周代彝铭里得到了充分的体现。

在周人的信仰世界里，祖考威仪的完美，风范、仪度的恰适，是现实中周人的楷模。周人服膺其祖考的威仪，亦随之服膺其威仪所体现的祖考的内在之德操。《诗经·大雅·民劳》篇所云"敬慎威仪，以近有德"[1]，所说就是这个意思。春秋时期的贤臣北宫文子

---

[1] 阮元校刻：《十三经注疏·毛诗正义》卷十七，北京：中华书局，1980年，第548页。

向卫君讲述威仪的作用说:"有威而可畏谓之威,有仪而可象谓之仪。君有君之威仪,其臣畏而爱之,则而象之,故能有其国家,令闻长世。臣有臣之威仪,其下畏而爱之,故能守其官职,保族宜家。顺是以下皆如是,是以上下能相固也。"[1]祖考威仪的影响,实质上是一种文化的传递。

周人由尊祖出发,创造性地提出"帅型祖考之德"的观念,将距离遥远的天降之德转向"近取诸譬"的祖考之德,为社会中人们的修德开辟了可由之径。儒家"内得于己"的修身路径,实由此启其端。西周宗法社会,天子祖述文武之德,贵族善继祖考之德。

中国传统文化重视伦理道德,研究德观念的源流,揭示德之源,抉发周人尊祖传统的深刻内涵及其意义,是认识文化传统的重要课题,也是本书的主旨所在。

---

[1]《左传》,见阮元校刻《十三经注疏·春秋左传正义》卷四十,北京:中华书局,1980年,第2016页。

# 一、祖先形象与周人的祖先崇拜

周人敬拜祖先、祭之如仪之时,祖先的形象必定浮现于眼前。周人祖先的形象,不具有个体色彩,他是理想境地下祖先所应当具有的完美形象。这一祖先形象一方面是对现实中祖先形象的抽象、概括,另一方面也是对祖先形象的神化,从而增强祖先的神性。周人的祖先形象具有想象性质,是周人价值观念、信仰观念的反映。祖先形象在强化家族意识、增强周代社会统一性方面,有重要作用。

周人崇拜祖先,他们举行大量的祭祀仪式,表达对于祖先的尊崇。祭祀祖先时,十分重要的一点是忆其音容笑貌,《礼记·祭仪》谓"祭之日,入室,僾然必有见乎其位,周还出户,肃然必有闻其容声,出户而听,忾然必有闻其叹息之声"[1],是说君子思念益深之时,于彼乎,于此乎,恍惚先祖即在眼前。闻其声,见其容,甚至叹息之声也回响于耳畔。[2]后人也曾谓"孝子之祭,不见亲之形象,心无所系"[3],意谓祭祀之时,祖先之容貌一定是宛若在眼前的,否则孝子之心无所寄托。由此可见,祖先形象之于生者、之于祭祀者特别重要。然而,在周人的心目中,逝去的祖先究竟是怎样的形象?周人如何描绘他们所尊崇的祖先?周人所描述的祖先形象又表达了怎样的观念?

概括而言,周人所描绘的祖先形象,已不是现实中的真正祖先形象,而是在一个构造出的理想情境中的祖先形象。这一形象,带有一定的想象因素。不过,思想家曾经指出,历史学家具有的"现实观"应该包

---

[1] 《礼记正义》,见阮元校刻《十三经注疏》,北京:中华书局,1980年,第1592页。

[2] 关于祭祀时思念祖先的形象,《礼记》中多有记述。如《玉藻》说"凡祭,容貌颜色,如见所祭者",《祭义》谓君子祭祀时,"必有怵惕之心,如将见之……是故先王之孝也,色不忘乎目,声不绝乎耳,心志嗜欲不忘乎心",祖先的动作举止、容色声音皆盘旋于生者的脑海中。不仅如此,斋戒之时,心中也必存乎祖先之形象:"齐之日,思其居处,思其笑语,思其志意,思其所乐,思其所嗜。"见《十三经注疏》,第1485页、1592页。

[3] 《仪礼·士虞礼》郑玄注,《十三经注疏》,第1168页。

含人们对现实的想象，也就是说，人们的想象其实构成了现实生活的重要层面。在这个意义上说，周人所描绘的理想的祖先形象，实际上是周人现实生活、特别是信仰生活中的重要内容，值得深入探究。关于周代的祖先崇拜，学者们已有卓著的研究成果，[1]但是有关祖先形象的专门研究，尚付之阙如。不揣谫陋，试论析如下。

## （一）完美至极的祖先形象

周人祖先的形象如何？一言以蔽之，完美至极。在周人心目中，祖先既有功绩又有盛德，并且高大伟岸。此类描绘在金文及典籍中不胜枚举，兹取一例以说明。西周晚期的梁其钟铭云（以下铭文尽量用宽式写出）：

---

[1] 如徐中舒：《金文嘏辞释例》，《中央研究院历史语言研究所集刊》第6本1分，1936年，又收入《徐中舒历史论文选辑》，北京：中华书局，1998年；赵伯雄：《周人的先王崇拜》，《西周史论文集》，西安：陕西人民教育出版社，1993年；晁福林：《试论春秋时期的祖先崇拜》，《陕西师范大学学报》1995年第2期；王人聪：《西周金文"严在上"解——并释周人的祖先神观念》，《考古》1998年第1期；刘源：《商周祭祖礼研究》，北京：商务印书馆，2004年。

"帅型祖考"

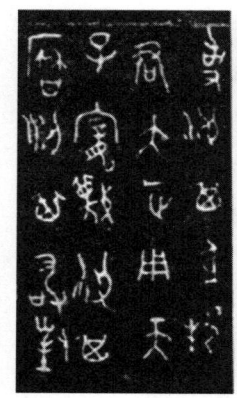
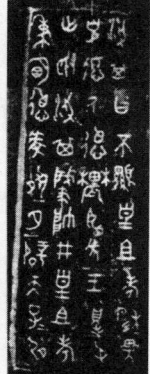

梁其钟(铭文)

梁其曰：丕显皇祖考，穆穆異異（翼翼），克哲厥德，农臣先王，得纯亡愍，梁其肇帅型皇祖考，秉明德，虔夙夕，辟天子，天子肩事梁其身邦君大正，用天子宠蔑梁其历，梁其敢对天子丕显休扬，用作朕皇祖考龢钟……用邵各喜侃前文人，用祈匄康娱、纯祐、绰绾、通禄，皇祖考其严在上，毂毂彙彙，降余大鲁福亡斁。（见左图）[1]

梁其钟铭是比较典型的一例赞颂祖先、祈祷获福的青铜铭文。其中，"克哲厥德……得纯亡愍"是祖先之德

---

[1] 中国社会科学院考古研究所编：《殷周金文集成》00188，北京：中华书局，2007年。以下简称《集成》，本书所引彝铭拓片，除特别注明者外，均出自此书。

一、祖先形象与周人的祖先崇拜

行,"丕显""皇""穆穆翼翼""文""严在上""戜戜彙彙"则是对于祖先形象的描述。梁其的先祖,既有德行,又有威仪,可谓无限完美。周人祖先的形象,在青铜铭文的描述中基本不出此套路,皆是德貌双全。关于周人祖先的德,学者们已进行过不少讨论,本文不拟对此进行专论,而侧重于对于祖先仪容方面的探讨。

对于祖先仪容方面的描绘,多见于西周中晚期青铜铭文中。此类铭文中,描述周人先祖形象的用语主要有"文""淑""皇""丕显""景""戜戜彙彙"(或"戜彙")"趄趄"(桓桓)"穆穆異異""严在上""烈"等。对其意略作分析:

"文",是用于描绘先祖十分频繁的词汇。《易·系辞传》"物相杂,故曰文"[1],表示汇集众采,丰富而不单一;"淑",《说文》"清湛也"[2],本意是形容水的清洁。淑与俶通,段注《说文》"俶,善也"[3]。"文"与"淑"既是对祖先形象的描摹,又带有品德方面的含义,形

---

[1]《周易正义》,《十三经注疏》,第90页。

[2]《说文解字注》,上海:上海古籍出版社,1988年,第550页。

[3]《说文解字注》,第370页。

"帅型祖考"

容祖先有综合之美。

"皇""丕显""景""烈""戮戮㲅㲅""沓(粦)明""趩趩",则显示祖先的美、盛大与光明。皇,《说文》"大也"[1],《诗经·周颂·执竞》"上帝是皇",毛传"美也"[2]。丕,大;显,《尔雅·释诂》下"显者,光明也"[3]。"丕显"是周人用以形容祖先的常用语,《尚书·康诰》"唯乃丕显考文王,克明德慎罚",孔传即以"大明"释"丕显"[4]。景,《说文》"光也"[5];同时,景亦有大意。[6]烈,光、显之意,《诗经·大雅·思齐》"烈文辟公",毛传"烈,光也"[7]。㲅㲅,学者指出"戮戮"与《诗经》诸篇中表示盛意的"芃芃"等音近,[8] 而"㲅"读为薄,

---

[1]《说文解字注》,第9页。
[2]《毛诗正义》,《十三经注疏》,第589页。
[3]《尔雅注疏》,《十三经注疏》,第2573页。
[4]《尚书正义》,《十三经注疏》,第203页。
[5]《说文解字注》,第304页。
[6]《诗经·小雅·楚茨》"以介景福",郑笺"景,大也"。《十三经注疏》,第467页。
[7]《左传》哀公二年"烈祖康叔",杜预注"烈,显也"。《十三经注疏》,第2157页。
[8] 徐中舒:《金文嘏辞释例》。

## 一、祖先形象与周人的祖先崇拜

㪁㪁翼翼"乃双声叠语,犹云:蓬薄、旁薄"[1],亦为盛意。有学者指出㪁㪁翼翼非为状祖词汇,而是用以形容祖先降福之繁多。考诸辞例,仍当视为状摹祖先盛大之语。[2] 㡣明,又见于师𩛥鼎、尹姞鼎、史墙盘,其意为英明、光明。[3] 趄趄,读为"桓桓","桓桓"亦见于虢季子白盘、秦公簋等,为金文习语。《尚书·牧誓》

---

[1] 唐兰:《西周青铜器铭文分代史徵》,北京:中华书局,1986年,第506页。

[2] 关于㪁㪁翼翼之释,主要有两种意见,一种以为用以形容祖先之威严盛大,一种以为是祈祷祖先降福繁多之辞(详见陈英杰:《西周金文作器用途铭辞研究》上,北京:线装书局,2008年,第374—378页)。后一种意见辨析㪁翼之意甚详。但是,若细审有关辞例,则㪁翼之意未必如学者所说为描述祖先降福繁多之语。如善夫克盨谓"克其用朝夕享于皇祖考,皇祖考其㪁㪁翼翼,降克多福"(《集成》04465),"㪁㪁翼翼"紧随祖考之后,此一格式,金文中常见的是"皇祖考其严在上"。因此,此处"㪁㪁翼翼"用法如"严在上",当为描绘祖先词汇。此外,"㪁㪁翼翼"之后常随有"降余多福无疆"之语,"无疆"本已说明祖先降福绵延不断,似不需要再以"㪁㪁翼翼"修饰祖先所降之福。此外,金文中重叠之四字形容词往往置于所修饰对象之后,因此,㪁㪁翼翼应为状祖词语,形容祖威严盛大。

[3] 关于㡣字之释,陈梦家先生释为"瞚",指耳目聪明,见《西周铜器断代》,北京:中华书局,2004年,第135页;唐兰先生释为"令",见《西周青铜器铭文分代史徵》,第457页;李学勤先生认为假为"灵",见《论史墙盘及其意义》,《考古学报》1978年第2期;于豪亮先生释"粦明"为精明,见《陕西省扶风县强家村出土虢季家族铜器铭文考释》,《于豪亮学术文存》,北京:中华书局,1985年,第33页。

记武王之语"勖哉夫子……尚桓桓，如虎如貔，如熊如罴"，孔安国传"桓桓，武貌"[1]。桓桓是形容祖先威武的样子。总之，皇、蓬勃等一类语词都是说明祖先高大、光明、威武。[2]

"穆穆翼翼""严在上"则表示祖先恭敬庄重威严的样子。"穆穆"，恭敬。《尚书·吕刑》"穆穆在上，明明在下"，穆穆，敬也；"異"，假为"翼"，《尔雅·释训》"翼翼，恭也"，指态度的严谨恭悫。"严"，徐中舒先生指出当读为《论语》"望之俨然"之"俨"，有庄矜之意。[3]《诗经·小雅·六月》"有严有翼，共武之服"，毛传释其为威严。[4]

对于祖先形象的描述相对有特点的是史墙盘。盘铭中，墙就周先王及墙之每一位祖先都进行描绘，对周先王的描绘是"䵼圉武王……宪圣成王……肃哲康王……弘鲁昭王……祇覬穆王"[5]，䵼圉，意谓强御，

---

[1] 《尚书正义》，《十三经注疏》，第183页。
[2] 有关祖先盛大威猛的描述很可能与武事有关，上举《尚书》即为一例。又如邵黛钟称颂自己"余頡頏事君，余晏狩武"（《集成》00225）。"頡頏"为形容人臣勤奋之貌，"晏武"犹持勇，即文献中之"执勇"，义为可服勇武之人，皆与武事有关。
[3] 徐中舒：《金文嘏辞释例》。
[4] 《毛诗正义》，《十三经注疏》，第424页。
[5] 《集成》10175。

多力;宪圣,表兴盛通达之貌,此处指成王的盛大通智;[1]肃哲[2],恭敬通达;弘鲁,鲁,亦为大意,指弘大,壮美;祇覞,恭敬光明。[3]关于墙之先祖,铭文谓"青幽高祖,在微灵处……通惠乙祖……子囗粦明……敄犀文考乙公,遽(竸)爽得屯"。墙的高祖是"青幽"的,"青幽",学者释为"静幽",指沉静、安闲。乙祖"通惠",即通达仁惠,这算不得形容方面的描摹,是品性方面的叙述;墙的父亲则是"敄犀"。敄,典籍中往往作为"舒",舒,《说文》"伸也"[4]。《诗经·陈风·月出》"舒窈纠兮",毛传"舒,迟也"[5]。犀即"遲",亦即"迟",《礼记·玉藻》"君子之容舒迟",孔疏"舒迟,娴雅也"[6]。《后汉书·韦彪传》"虽进退舒迟,时有不速,然端心向公,

---

[1] 《中庸》"宪宪令德",郑玄注"宪宪,兴盛之貌"。见《礼记正义》,《十三经注疏》,第1628页;圣,《说文》"通也"。见《说文解字注》,第592页。

[2] "肃"字之释见徐中舒《西周墙盘铭文笺释》,《考古学报》1978年第2期。

[3] 徐中舒:《西周墙盘铭文笺释》;马承源释为"庄敬而安和"(《商周青铜器铭文选》三,北京:文物出版社,1988年,第155页)。

[4] 《说文解字注》,第160页。

[5] 《毛诗正义》,《十三经注疏》,第378页。

[6] 《礼记正义》,《十三经注疏》,第1485页。

"帅型祖考"

奉职周密"[1]。因此,祖先的形象是安静、娴雅、高贵的。

概括起来说,祖先的形象,显著特征是又大又光明又美好,由生者的眼中望去,俨然威重,却也不失宽和、喜乐。

不难看出,铭文对于祖先形象的描述,尽管加之于宏伟高大等赞颂,但语汇并不丰富,这种情况不完全是由于青铜铭文体例所限而导致的。事实上,在传世文献中,被奉为神明的祖先,对其形容描绘的词语同样比较单一、统一。如《尚书·无逸》记述周公描述文王"徽柔懿恭",指文王和柔美好而恭敬。《诗经》中保存的西周诗篇中对于祖先形容的描述有"穆穆文王"[2]"文王烝哉""皇王烝哉""武王烝哉"[3]"骏惠我文王"[4]"烈文辟公"[5]"天子穆穆……假哉皇考"[6]"於皇武

---

[1] 《后汉书》,北京:中华书局,1965年,第919页。
[2] 《诗经·大雅·文王》,《十三经注疏》,第504页。
[3] 《诗经·大雅·文王有声》,《十三经注疏》,第526页。烝,美。
[4] 《诗经·周颂·维天之命》。骏,假为俊,英俊有才能;惠,仁慈。
[5] 《诗经·周颂·烈文》。烈,光明;文,有文采。
[6] 《诗经·周颂·雝》,《十三经注疏》,第594页。

王！无竞维烈。允文文王"[1]"桓桓武王"[2]等,所用词语与青铜铭文相似,主要是描绘祖先的高大、俊美。

周人对祖先形象的描述,完全是从赞颂的角度着手,显而易见,其与祖先实际形象存在差异。这表明周人描绘祖先形象时有所构造,有所提炼,进而有所升华。对于逝去的祖先形象予以升华,于情于理都易于理解。不过,周人所描绘出的祖先形象套路固定,格式凝固,显然不是针对某个具体的祖先进行的状摹,换言之,周人所描摹出的祖先形象并不具有个性。这种不注重个性、大众面孔的祖先描写方法,似乎表明后人其实并不意在描绘出祖先的真正特征,即具体的祖先形象之于周人好像并不是第一要素,反而是一些其他因素在祖先形象的描绘中显得特别重要。如高大、威严等等,这样的形象广为周人所接受,成为所有祖先形象的共有特征,无论王或贵族。因此,周人在描述祖先形象时,刻意地有所选择、强调和安排,将心目中的祖先形象演绎、美化为高大、盛大、光明、威严、宽和、沉静、娴雅。这些形象是周王或周贵族们祖先

[1] 《诗经·周颂·武》,《十三经注疏》,第597页。
[2] 《诗经·周颂·桓》,《十三经注疏》,第604页。

"帅型祖考"

所应当具有的形象,[1] 是在理想的境界中,所有的周人祖先都应当具有的形象。[2]

需要补充说明的是,祖先形象的描绘多见于西周中晚期以来的青铜铭文,表明周人对祖先形象所形成的观念应当是在那时期固定下来的。事实上,对祖先形象的设计在周初即已有初步的概念,如天亡簋记述"王祀于天室……衣祀于王丕显考文王,事喜上帝,文王监在上,丕显王则省"[3]。在周初人的观念中,文王在天上,盛大又显赫。应当说,周人对祖先形象的描绘滥觞于此。同样是在西周早期,周人开始以"文""皇"等美好的语词描写祖先,这类用语此后频繁地用于对祖先的描摹中。对祖先形象进行描摹,是周人由自己的文化传统出发所进行的创造。目前所见殷金文中,尚未见对祖先形象描述的内容。周人回忆

---

[1] 在青铜铭文与传世文献中,描述祖先形象的用语,既用于周先王,也用于贵族之先祖,其间并无特别区分。
[2] 周人将古典的美德赋予祖先的形象中,使得祖先的形象如此完美。周人祖先形象所折射出的周人崇尚的美德,当然与周人所处的社会结构息息相关,在此不作深论。
[3] 《集成》04261。

一、祖先形象与周人的祖先崇拜

殷人先祖,曾谓"殷王中宗,严恭寅畏"[1],但这类记述出于周人之手,因此,对于祖先形象进行描述、赞颂,始自周人。[2]

## (二)祖先形象的特点

周人运用美妙的词语描摹祖先,这当然是因为周人崇敬祖先之故,同时对祖先形容进行美好的描绘也是由于在周人的文化传统中,有十分注重威仪的内容。周人注重仪容有其传统,《尚书·洪范》记载箕子向武王献上洪范九畴大法时,其中有"敬用五事"的重要内容,而"五事"中排在第一位的就是"貌"。周人对于威仪特别重视,西周诗篇中反复歌咏容止威仪,如《诗经·大雅·假乐》曰"假乐君子……威仪抑抑,德

---

[1] 《尚书·无逸》,《十三经注疏》,第221页。
[2] 在卜辞中,有关于殷人用尸的记载,郭沫若曾指出"丙午贞,酒尸,册祝……祝""似可为殷人用尸之证",见郭沫若《殷契萃编》第519条,北京:科学出版社,1963年,第494页。若果为如此,则殷人在祭祀祖先时,也需要有祖先之形象以寄托情感,且周人用尸之礼实与殷人礼俗有关。但甲骨卜辞和商代彝铭中,尚未见到如同周人那样描摹祖先形象者。

音秩秩"[1],《大雅·抑》"抑抑威仪,维德之隅……敬慎威仪,维民之则……敬尔威仪,无不柔嘉"[2]。对于周人而言,"貌""容仪"与品行相关。外有其仪,则内有其德,美好的形容匹配高尚的品行。容貌之所以重要,原因即在于此。

周人对祖先形象描述有其突出特点:专注于仪容,但却没有关于祖先身体、五官、发式等的具体描绘,既没有形状,也没有声音,只是威仪、容止。若干仪容方面的描绘又与品行观念紧紧结合,难以分清到底是在叙说仪容,还是描绘性格颂扬品行。总体来说,描摹是非常抽象的。周人抽象出的祖先形象的基本特征是盛大、威严、和熙,如前所说这一形象并不是对应某个具体、真实的祖先形象。然而,仍然不禁使人疑问,周人所描绘的完美的祖先形象是周人依据事实进行的抽象抑或完全是周人对祖先形象按照观念所进行的凭空想象呢?

应当说,关于祖先形象的威严,这一方面是有其事实依据的。有理由相信,祖先生前威严肃穆,这可

---

[1]《尚书正义》,《十三经注疏》,第541页。
[2]《毛诗正义》,《十三经注疏》,第554页。

以从春秋时期的父子关系中略窥一斑。春秋时期，子弑父时有发生，父权受到挑战。但就一般而言，父子关系中，父亲仍然表现为权威，对待子辈，常常严肃而凛然。《国语·晋语五》记载，晋国范文子退朝晚归，其父武子询问他为何晚回，文子回答说有秦国的使者在朝上辞令娴习，晋大夫皆不能与之相对，而文子却可周旋一番。范武子听说后，不仅不以其子为能，反而勃然大怒，说"大夫非不能也，让父兄也。尔童子，而三掩人于朝，吾不在晋国，亡无日矣"，以杖击打文子，"折委笄"[1]。文子因为年幼不谙世事就遭到暴打，其父的惩责不可谓不严厉。就是这位遭了责打的范文子，从此得了教训，受了影响，就以同样的方法对待他的儿子。《左传》成公十六年记载晋楚之战，"楚晨压晋军而陈"，形势对于晋军十分不利，当时年少的范匄（范文子之子）趋进献策，但其父范文子却执戈逐之，斥责他"国之存亡，天也。童子何知焉？"[2] 以范匄尚幼不知礼让率先向晋君进言而斥责他，甚至不惜以戈击打范匄，足见父亲之于儿子有多么威严。

---

[1] 《国语》，上海：上海古籍出版社，1998年，第401页。
[2] 《春秋左传正义》，《十三经注疏》，第1918页。

## "帅型祖考"

《论语·季氏》侧面记载了孔子与其子孔鲤相处时的情景。陈亢询问孔鲤孔子是否私下向他授学,孔鲤回忆说:"尝独立,鲤趋而过庭,曰:'学《诗》乎?'对曰:'未也。''不学《诗》,无以言。'鲤退而学《诗》。他日又独立,鲤趋而过庭,曰:'学《礼》乎?'对曰:'未也。''不学《礼》,无以立。'鲤退而学《礼》。闻斯二者。"[1] 孔鲤说孔子尝在庭院中站立休息,鲤见状恭敬地穿过,父亲却叫住他,询问他是否学习《诗》《礼》,并告诉他学习这两项内容的重要性,仅此而已,并不曾另有传授。陈亢听说后,评价道"君子远其子"。由《论语》中的记载可知父亲孔子关切着孔鲤的学习进修,然而仍可以感觉到,父子之间,父严子恭,儿子对于父亲恭敬有加却保持有一些距离。《吕氏春秋·劝学》记载有另一对儒家父子曾点与曾参的故事,"曾点使曾参,过期而不至。人皆见曾点曰'无乃畏耶?'曾点曰:'彼虽畏,我存,夫安敢畏?'"[2] 曾参以孝著称,而在他人眼中,他惧怕父亲,惧怕的原因,当是

---

[1] 《论语注疏》,《十三经注疏》,第2522页。
[2] 陈奇猷:《吕氏春秋新校释》,上海:上海古籍出版社,2002年,第199页。

父亲过于有权威，过于严厉。《礼记·内则》说"父母怒，不说而挞之流血"[1]，父亲发怒，可以打得儿子遍体鳞伤，是可想见父亲是如何严厉。父子之间的这种关系在后代也时有可见，典型者如《三国志·魏书》卷十五记载司马懿之"父防……虽闲居宴处，威仪不忒……诸子虽冠成人，不命曰进不敢进，不命曰坐不敢坐，不指有所问不敢言，父子之间肃如也"[2]。司马懿的父亲即便在家闲居，仍然端着架子，保持威仪，即便子辈已长大成人，但没有父亲的命令，仍不敢随意趋进、落座、说话。"父子之间肃如"，言其威严而使人战栗也。

父子之间，当然有父亲对于子女的慈爱，至迟至春秋时期，已经有了明确的"父慈子孝"[3]"为人父必慈"[4]的观念。但是，"严父"的形象似乎占据了上风。春秋战国之际，人们认为父亲对待子辈的做法是"君子之于子，爱之而勿面"。"勿面"，注释家谓"不形于

---

[1]《礼记正义》，《十三经注疏》，第1463页。
[2]《三国志》，北京：中华书局，1964年，第465页。
[3]《左传》隐公三年，《十三经注疏》，第1724页。
[4] 吴毓江：《墨子校注》，北京：中华书局，1993年，第180页。

面"[1]，意谓君子对于自己的孩子，虽然喜欢他，但却不表现在脸色上。其何以如此，阮元谓"父贵严"[2]也。由春秋战国上推至西周时期，应当说情形大致不差。即在实际生活中，父亲因为是家族中的权威而享有威严，因此在子辈的印象中，父以及长者突出的形象便是严肃、庄重。有了这样的印象，他们在对祖先的形象进行描述时，所把握的重要特点自然而然便会是庄严、整肃。所以，青铜铭文以及传世文献中祖先威严的样子并不是空穴来风，而是现实生活的原型在观念中的展现。

祖先威严，但同时也具有和乐的另一面。这一方面的描述应当说也与现实中的原型有所照应，不完全是后辈头脑中的空想。周人认为在日常中君子当平静宽和，《诗经·大雅·思齐》谓"雍雍在宫，肃肃在庙"，是说文王在家室中和乐可亲，在祭祀时则严肃恭敬。可见，虽然君子威武严整，但日常仍有和乐的一面。《论语·述而》也说"子之燕居，申申如也，夭夭如也"，

---

[1] 引自卢辩注《曾子立事》，转引自王聘珍《大戴礼记解诂》，北京：中华书局，1983年，第78页。
[2] 阮元注：《曾子十篇》（清经解本），上海：上海书店，1985年，第267页。

一、祖先形象与周人的祖先崇拜

马融注"申申,夭夭,和舒之貌"[1]。孔子在家休憩之时,体貌和婉而舒展。春秋时期,君子性格的重要方面是"宽",如楚庄王评价公子重耳的随从"肃而宽"[2],《尚书·尧典》则称君子当"直而温,宽而栗","宽而栗,柔而立……直而温",《尧典》《皋陶谟》应当说是周人价值观的反映。周人注重性格中的"宽",而"宽"之性格与形象和乐是一致的。另外,《诗经》中多见"乐只君子"的描述,甚至有"乐只君子,邦家之基"[3]的表述,表明周人的确强调君子在生活中应当保持喜乐和气。[4] 周人注重在生活中具有这样的品性,在对祖先形象进行描述时,不难想象也会将祖先的形象描述成喜悦、和婉的。因此,祖先这方面形象的描绘,也

---

[1] 《论语注疏》,《十三经注疏》,第2481页。

[2] 《左传》僖公二十三年,《十三经注疏》,第1816页。

[3] 《诗经·小雅·南山有台》,《十三经注疏》,第419页。

[4] 君子是否能够在日常中保持安舒之气,甚至成为春秋时人评价人物的准则,如《左传》昭公元年记载子羽评价时贤曰:"叔孙绞而婉,宋左师简而礼,乐王鲋字而敬,子与子家齐之,皆保世之主也。齐、卫、陈大夫其不免乎?国子代人忧,子招乐忧,齐子虽忧弗害。夫弗及而忧,与可忧而乐,与忧而弗害,皆取忧之道也,忧必及之。《大誓》曰:'民之所欲,天必从之。'三大夫兆忧,能无至乎?言以知物,其是之谓矣。"(《十三经注疏》,第2020页)其中的国子、子招、齐子则由于忧而弗乐,被判定为不免于祸患。

有现实生活中的身影为之素地。

　　祖先的威严、宽和，这仅仅是现实中的一面。实际上，祖先形象也具有神性的一面。周人（至少周代贵族）认为，祖先去世之后，已至"神"的境地，周人目之为"神人"，因之，其模样不与真实祖先形象同。青铜铭文中，祖先的形象被描绘为极其盛大、光明，这部分的内容，应当说是周人的夸张与想象，不单纯来源于现实。关于周人在观念中所塑造的祖先形象，王夫之指出周人采用了"拟诸天"的方法。[1] 他在评述《诗经·周颂·清庙》时说，周王在祭祀宗庙祖先所唱的乐歌中尽力地赞美祖先，"《清庙》之诗，盛德无所扬诩，至敬无所申警……用俄顷之性情，而古今宙合，四时百物、赅而存焉，非拟诸天，其何以俟之哉！"意谓不以天来比诸祖先，则根本无他物可比。天的形态是"清也，虚也，大也，一也"，而祖先也与之类似。在评述《昊天有成命》时，他说天与祖先（人神）相并列："视而不可见之色，听而不可闻之声，抟而不可得之象，霏微蜿蜒，漠而灵，虚而实，天之命也，人之

---

[1] 这一点，张怀通先生在论文中亦有提及。见《西周祖先崇拜与君臣政治伦理的起源》，《河北师范大学学报》1997年第4期。

神也。"[1] 祖先之于周人，犹如天那样空灵、神秘。王夫之所论十分精辟，其实，周人对于祖先形象的描绘确有以天为蓝本而加以借鉴的痕迹。周人之于天，常有"皇天""昊天""昊天孔昭""倬彼昊天""浩浩昊天""光天之下""旻天""明明上天"等称呼。"皇"，亦用以形容先祖；"倬"，明大貌。[2] 总之，天又大又亮，与周人所描绘出的祖先形象相似。周人甚至直接以天比喻先王，如《诗经·大雅·文王》谓"文王在上，于昭于天"，高亨先生指出"此句言文王比上帝还明察"[3]。另外，周人确信祖先特别是先王去世后，往升于天，祖先之盛大可以配天，如猷簋说"经雝先王，用配皇天"[4]，因而，以天比拟祖先的形象在逻辑上也是顺理成章的。

综合起来，周人对于祖先形象的描绘，有两方面的要素：一、源自于现实的一面，表明他是逝去的祖先，

---

[1] 王夫之：《诗广传》，收入《船山全书》第三册，长沙：岳麓书社，1996年，第481、485页。
[2] 《诗经·大雅·桑柔》郑笺，《十三经注疏》，第558页。
[3] 高亨：《诗经今注》"文王"，上海：上海古籍出版社，1980年，第371页。
[4] 《集成》04317。

"帅型祖考"

其形象与生前有部分的重合，这一方面的要素说明祖先与生者之间存在关联；二、源自于"天"的一面，表明他在天上，不与生人同，已经超越现实生活的范围。这一方面的要素，意在体现祖先的神性。借助于天突出祖先的神性，事实上仍在强调祖先对于生者具有权威，仍在影响着现实人的生活。

用时人的观念来描摹神灵及祖先的形象，在中外古史上皆有其例。

古人在形象描绘方面所传达出的观念，是西方艺术史学家常常涉及的课题。西方学者在研究两河流域苏美尔城帮国家拉格什王古地亚（Gudea of Lagash, ca. 2110 BCE）塑像以及亚述时期阿述尔纳西帕尔二世（Assurnasirpal II, 883—859 BCE）塑像时所进行的分析，有助于从另一个角度来理解周人描绘祖先形象时所拥有的观念。学者指出，古代两河流域的人在塑造王的雕像时，遵循一些很明确的准则，如：不单纯依赖视觉，追求王的塑像与王本人形象的相似，较多地注重品质、性格方面的塑造。对于王的塑像来说，所塑造的形象与原型在身体相貌方面的相似（physical likeness）并不是必然条件。相应文献材料表明，那些标注着姓名的雕像事实上不一定真正反映王生前的形象，而是王所竭力追求的"官方的形象"（official image）。这些"官方的形象"的特征是：神的形象寓于其中，结果就是王看上去像神，总是相貌堂堂，完美无缺。这样，酷似神的王的塑像传达出的信息是：王之所以为王，是因为他具备了神一样的形象及其所蕴涵的品性。更进一步，像神一样的王更适合统治。[1] 在塑造出的王的雕像中，无论是古地亚还是阿述尔纳西帕尔二世，王的塑像不仅在形象上似神，同时也拥有相同的性格。显然，这是对王的神化，其目的在于提高王的地位。[2]

同样是对于人之形象的描摹，周人所描绘的祖先

---

[1] Irene J. Winter, "What/ When Is a Portrait?—Royal Image of the Ancient Near East", *Proceedings of the American Philosophical Society*, Vol. 153, No.3, September 2009.

[2] T. Ornan, "The Godlike Semblance of a King", in *Ancient Near Eastern Art in Context*, edited by Jack Cheng and Marian H. Feldman, Leiden, Boston, 2007, p.162.

形象与两河流域苏美尔、亚述时期人们所雕塑的王的形象差异很大，后者注重雕塑时对于身体的刻画，而周人语言的描绘中则没有身体的位置。[1]但是，两者在描绘、塑造形象时所表达的观念却有一定的相似之处，那就是两者在塑造形象时，皆有所参照，一为天，一为神，意图都在于提高所描绘对象的地位，显示或者增强他们的神性。

## （三）祖先形象的变化

春秋以来，青铜铭文中对于祖先形象的描绘减少，只有"皇祖""丕显文考""烈烈"等语词可见，对于

---

[1] 钱穆先生在讨论中西文化差别时，曾经论述了中西对于外在形象理解上的不同，他说："西方文化精神总倾向于求在外表现，这种表现主要在物质形象上；这可说是文化精神之物质形象化。其长处在具体、凝定、屹立长在，有一种强固性，也有一种感染性""西方文化总会在外面客观化，在外在物质上表现出它的精神来。因此一定会具体形象化，看得见，摸得着，既具体，又固定，有目共睹，不由不承认它的伟大有力量"，中国文化"亦可说它没有一个客观外在具体而固定的物质形象可作为其历史文化的象征"。其观点对于了解早期历史发展中，东西方对于形象刻画所表现出不同的观念很有助益。见钱穆《从东西历史看盛衰兴亡》，《中国文化丛谈》第一册，台北：三民书局，1993年，第8、12、17页。

一、祖先形象与周人的祖先崇拜

祖先形象的描述没有新的内容。同时，传世文献中亦少见对于祖先形象的正面描绘，若干侧面描写，如《诗经·小雅·楚茨》谓"神嗜饮食……神具醉止"[1]，《诗经·大雅·既醉》谓"既醉以酒，既饱以德"[2]等，则将祖先神描写为嗜酒好食，世俗化的性格非常明显。[3]

说到祖先的形象，还应当提到"尸"。周人祭祀祖先时，有以尸装扮祖先的做法，尸替代祖先接受祭祀，将祖先祝福的语言通过祝一类的人转告生者。《礼记·郊特牲》谓"尸，神象也"[4]，指尸是祖先神的象征，传达出的是祖先的形象。春秋时期彝铭中对于祖先的直接描绘减少，不过仍然可以从对"尸"的描述中，间接了解春秋以来周人心目中的祖先形象。尸常常表

---

[1] 《毛诗正义》，《十三经注疏》，第469页。

[2] 《毛诗正义》，《十三经注疏》，第536页。

[3] 春秋以来特别是战国时期，人们对祖先形象描绘减少，甚至对祖先祭祀减少，或许与社会中人们对鬼神存有疑问有关。如《凡物流形》说："鬼生于人，奚故神盟？骨肉之既糜，其智愈障，其缺奚适？孰知其强？鬼生于人，吾奚故事之？骨肉既糜，身体不见，吾奚自食之？"（见《上海博物馆藏战国楚竹书》七，上海：上海古籍出版社，2008年，第235页）是说人死后既然骨肉身体俱陨，就不需要再祭祀之。如此，对祖先的祭祀、崇拜必然削弱。

[4] 《礼记正义》，《十三经注疏》，第1457页。

现出极其严肃的一面,文献中多有"坐如尸,立如齐"[1]的说法,郑玄注"视貌正",孔疏"尸居神位,坐必矜庄"[2],祖先的形象是庄重严肃的。但是,尸又常常表露出怡然愉如的一面。《诗经·小雅·楚茨》是贵族祭祀祖先时的乐歌,其中关于"尸"的描写是"神具醉止,皇尸载起。鼓钟送尸,神保聿归"[3],是说在享受了生者所献祭品后,祖先神都有醉态,尸则起,在钟鼓声中返回。那时的尸当是欢欣愉悦的,"皇"则是赞颂尸之辞,常常用以对尸的描绘。[4]《诗经·大雅·凫鹥》是行宾尸之礼的乐歌,其谓"公尸来燕来宁……公尸燕饮,福禄来成……公尸来燕来宜……公尸来燕来处……公尸来燕来宗……公尸来止熏熏"。"来燕"之燕,安也,指尸所代表的神意自安;宁,亦安之意;宜,毛传"宜其事。心自以为宜"[5],来宜,高亨先生谓"来

---

[1] 《礼记·曲礼》上,《礼记·玉藻》,《十三经注疏》,第1230、1485页。
[2] 《礼记正义》,《十三经注疏》,第1230页。
[3] 《毛诗正义》,《十三经注疏》,第469页。
[4] 如《礼记·祭统》谓"及入舞……以乐皇尸","皇"用以形容尸的威仪。见《十三经注疏》,第1604页。
[5] 《毛诗正义》,《十三经注疏》,第537页。

舒适舒适"[1]；宗，毛传"尊也"[2]，指尊敬主人。但此处为宾尸之礼，旨在答谢尸，以"宗"为尸尊敬主人不妥。此处"宗"借为"悰"[3]，《说文》"悰，乐也"[4]，表示尸喜乐的样子；熏熏，毛传"和悦也"[5]。乐歌中尸所代表的祖先神怡怡然、愉愉如，具有世俗的特色。

和西周时期相比，春秋时期青铜铭文中对铸器者即生者形象描述增多，并且若干个体色彩比较显明。[6]如秦公簋谓"余虽小子，穆穆帅秉明德，剌剌（烈烈）桓桓"[7]，秦公夸耀自己庄敬地遵循、秉持明德，威风而壮武。秦子簋盖记"有柔孔嘉，保其宫外。温恭穆穆，秉德受命屯鲁"[8]，器主自谓其威仪美好，安治内外，

---

[1]《诗经今注》，第411页。
[2]《毛诗正义》，《十三经注疏》，第538页。
[3] 见高亨《诗经今注》，第411页。
[4]《说文解字注》，第503页。
[5]《毛诗正义》，《十三经注疏》，第537页。
[6] 事实上，对生者形象进行描述，在西周中晚期的青铜铭文中，即可见到。如西周中期癲钟"癲桓桓，夙夕圣爽"，西周晚期井人钟铭谓"(妄)穆穆秉德，妄宪宪圣爽"，西周晚期虢季子白盘铭谓"桓桓子白"。在春秋时期，对于生者的描绘更为常见。
[7]《集成》04315。
[8] 李学勤：《论秦子簋盖及其意义》，《故宫博物院院刊》2005年第6期。李先生并指出器主当为秦文公太子，即静公，时为春秋早期。

"帅型祖考"

又和敬庄重。同类器铭还有春秋中后期郳公牼钟"郳公牼曰……余異（翼）恭威（畏）忌"[1]，郳公华钟"郳公华……曰余異恭威（畏）忌，淑穆不坠于厥身"[2]，赞美器主恭敬谨慎而小心敬畏。这几位诸侯王将自己描绘成肃静、祁祁然有威仪的模样。春秋时期，青铜铭文中对自我形象的描绘不但见于诸侯君主，亦见于贵族。春秋楚国共王或康王时期的王子午鼎谓：

> 王子午……甬恭舒迟。畏忌翼翼，敬厥盟祀……余不畏不差，惠于政德，淑于威仪，阑阑獣獣。[3]

在这里，王子午自诩优雅[4]、敬畏且小心翼翼，敬于其明祀。他不畏惧、无差错，惠和于正德，威仪美善，

---

[1]《集成》00150。
[2]《集成》00245。
[3]《集成》02811。
[4] 关于甬字，又有释为"弘"者。但"弘"与其后的"恭""舒迟"不相搭配，此处取马承源先生之释（《商周青铜器铭文选》四，北京：文物出版社，1988年，第424页）。

悠然自得。[1]春秋晚期楚王孙遗者钟谓:

> 王孙遗者……余圅恭舒迟,畏忌翼翼,肃哲圣武,惠于政德,淑于威仪,诲猷丕饬。[2]

他自称恭敬娴雅、庄重严肃、肃静明智、圣明勇武,惠和于正德,仪容美好,有大谋略而谨严。上述两位贵族的总体形象是威仪祁祁然而安舒,很有气派。春秋齐灵公时期的叔夷钟铭文谓:

> 叔夷……小心恭遬,灵力若虎,勤劳其政事。[3]

叔夷自夸严谨恭敬,威猛高大,壮威如虎,勤劳地执

---

[1] 淑,意为善;阑,《尔雅·释言》阑为闲也。猷,假为悠,闲闲悠悠,从容自得的样子。王子午钟铭文之释,可参赵世纲、刘笑春:《王子午鼎铭文试释》,《文物》1980年第10期;伍士谦:《王子午鼎、王孙诰钟铭文考释》,《古文字研究》第9辑,北京:中华书局,1984年;董楚平:《吴越徐舒金文集释》,杭州:浙江古籍出版社,1992年。

[2] 《集成》00261。

[3] 《集成》00276。

"帅型祖考"

行其事。[1] 铭文间接地流露出男子形体方面的健壮。以虎罴等形容男子身体的强健，春秋以来比较多见。春秋时期彝铭中，亦不乏对女性形象的描绘，典型者如蔡侯申尊。铭文中记录蔡侯对蔡女的规导，其中涉及蔡女之形象，铭谓：

> 禫諆整肅，籲文王母，穆穆亹亹，恩害訢惕，威仪遊遊（攸攸），霝颂讬商，康谐穆好，敬配吴王。[2]

铭文记录了蔡吴两国联姻，蔡侯申之女嫁与吴国。铭文对入吴的蔡侯之女有比较细致的训导，意谓蔡女庄敬嘉善，端正严肃，遵循文王母大任之德，[3] 恭敬勉力，聪明坚贞，欢欣舒畅。尊贵的仪表非常之惬意，

---

[1] 小心，马承源先生隶定为"忀"，即悄，忧劳之意（《商周青铜器铭文选》四，第543页）；遳，通齐，《礼记·玉藻》"庙中齐齐"，郑玄注"齐齐，恭悫貌也"（《十三经注疏》，第1484页）。

[2] 《集成》6010。

[3] 此处之籲，各家隶定不一。唐兰先生释为"类"字（《〈五省出土重要文物展览图录〉序言》，《唐兰先生金文论集》，北京：紫禁城出版社，1995年，第76页），今从之。

仪容美好而显明。[1]铭文的描述，传达出一位举止庄重，但又清新愉悦的女子形象。在突出仪态的同时，也兼顾了女性之美的描述，传达出比较丰富的内容。

综之，春秋以来对于生者的描述，其用辞较之于西周时期赞颂祖先形象的词汇略为丰富，出现了一些新的观念，有了一些新的表达辞语。

然而，对比西周时期的祖先形象与春秋时期生者的形象，突出的印象是：生者的形象与祖先的形象十分接近，他们的形容酷似祖先。之所以如此，首先是由于生者用以描绘自身形象的语汇，其中相当一部分

---

[1] 襂，假借为"齐"，义同庄敬；諆假为"嘉"，整肃；亹亹，《诗经·大雅·文王》"亹亹文王，令闻不已"，毛传"亹亹，勉也"（《十三经注疏》，第504页）。"恩害訢旊（畅/扬）"，恩与聪同；害，于省吾先生读为介。《荀子·修身》"善在身介然必以自好也"，杨注"介然，坚固貌"；訢，欣；遊遊，即悠悠，自在的样子；霝即灵，善也；颂，陈秉新先生以为是"容"之本字，㡣，马承源先生以为假为"姹"，《玉篇》"女部"姹，美女也。陈秉新先生认为假为"度"。此处从马承源先生释；商，彰。铭文之释参陈梦家：《寿县蔡侯墓铜器》，《考古学报》1956年第2期；郭沫若：《由寿县蔡器论到蔡墓的年代》，《考古学报》1956年第1期；于省吾：《寿县蔡侯墓铜器铭文考释》，《古文字研究》第1辑，北京：中华书局，1979年；马承源主编：《商周青铜器铭文选》四；陈秉新：《寿县蔡侯墓出土铜器铭文通释》，《楚文化研究论集》（二），武汉：湖北人民出版社，1991年；崔恒昇：《安徽出土金文订补》，合肥：黄山书社，1998年。

"帅型祖考"

就是描绘祖先形象的固定用语；其次，他们继承了祖先的做法，特别强调威仪。春秋以来，铭文中常见作器者自称具有威仪。而在日常中，人们也强调威仪的重要意义，甚至将威仪、容止提高到关系身家性命的程度上来说。[1] 日常的威仪有许多规则，诸如"凡行容惕惕，庙中齐齐，朝庭济济翔翔。君子之容舒迟，见所尊者齐遨。足容重，手容恭，目容端，口容止，声容静，头容直，气容肃，立容德，色容庄，坐如尸，燕居告温温"等等。威仪是描述生者形象不可或缺的要素，这一点，与祖先的形象并无二致。无论祖先，还是生者，威仪是构成他们形象的基本要素。因此，祖先与生者，他们都是容貌有崇，威仪有则，看上去当然十分相像。

生者形象与祖先形象相似，表明生者在描摹自我形象时，刻意地与祖先相像，反映出在他们的观念中，十分看重与祖先形象的接近，愿意在容貌仪态方面与祖先贴近，从而成为"肖"之子孙。肖，《说文》"骨

---

[1] 如卫侯飨苦成叔，相礼的宁惠子就预言"苦成家其亡乎！"（《左传》成公十四年）其中原因就是由于苦成叔没有威仪。春秋贤者叔向在告诫他人时也说要"慎吾威仪，守之以信"（《左传》昭公五年）。将威仪的重要性，提到如此的高度。

肉相似也。从肉，小声。不似其先故曰不肖也"[1]。子孙刻意相似于其先，这是"肖"的体现。其实，"肖"的观念在西周时期即已出现，禹鼎曰"命禹伋（肖）朕祖考，政于井邦"[2]，意谓禹像（效法）祖考一样，任职于井地。后辈强调与祖先在形象方面的相似，不但见之于周人，即便在罗马时代及文艺复兴时期，但凡人们强调家族和家庭的重要性时，个体总是应当与祖先形象接近或展现出相似的气质特性。[3] 从生者以祖先为样板描摹自己的形象这一角度说，春秋以来，祖先对生者仍然有明显的形塑作用。祖先仍然是生者效仿的榜样，后辈不但效法祖先的功德，在形象与容止方面也与祖先一脉相承。正如铭文中常常所说"弗敢不帅型""帅型皇考"，所效法的当然是先祖之德，同时，又是威仪，如"帅型皇考威仪""帅型先祖共明德，秉

---

[1] 《说文解字注》，第 170 页。

[2] 《集成》02833。"肖"字从徐中舒先生释，见《禹鼎的年代及其相关问题》，《考古学报》1959 年第 3 期。

[3] F. Ilchaman, *Titan, Tintoretto, Veroness: Rivals in Renaissance Venice* (Boston, 2009), esp.197—200, 转引自 Irene J. Winter, *What/When Is a Portrait?—Royal Images of the Ancient Near East*.

威仪"[1]。帅型祖德与秉持威仪，总之，祖先在两方面都是生者模仿的对象。因此，祖先仍然是权威，其崇高的地位并没有动摇。

不过，需要看到的另一面是，对祖先形象描摹的减少，对生者形象描绘的增多，表明人们更多地关注生者，关注现实。无可否认，这意味着对于祖先重视的削弱，以及祖先崇拜的减弱。

## （四）结语：对于先祖的共同想象

就整个周代社会而言，观周人庄严的祭祀仪式，品其虔诚的祭祖辞语，可以充分感觉到周人对祖先的尊崇以及依赖。殷人虽然亦崇拜祖先，且祭祀中或有可能用尸，[2] 但尚无有关祖先形象的描绘。殷人以干支称呼祖先，祖先符号化的色彩十分浓厚。尚文的周人

---

[1] 铭文分别见：虢叔旅钟，《集成》00238；禹鼎。
[2] 有关商人用尸的研究，见曹锦炎：《说卜辞中的延尸》，《徐中舒先生百年诞辰纪念文集》，成都：巴蜀书社，1998年；连劭名：《殷墟卜辞所见商代祭祀中的"尸"和"祝"》，《徐中舒先生百年诞辰纪念文集》，成都：巴蜀书社，1998年；葛英会：《说祭祀立尸卜辞》，《殷都学刊》2000年第4期；方述鑫：《殷墟卜辞中所见的尸》，《考古与文物》2000年第5期。

## 一、祖先形象与周人的祖先崇拜

则对于祖先的形象有了更多的想象,并将其付诸文字,传递出更多的感情色彩和信仰意识。

周人对祖先形象的描述,始于周初,而多见于西周中晚期。周人所描摹的祖先形象,反映了周人整体意识中对于祖先的缅怀与崇敬。周人描绘出的祖先形象往往不具有个体特性,他们容貌雷同、性情相似,是周人集体意识的产物。借用文化史家的理论来说,周人的祖先形象其实是"集体的想象"或"共同的想象"。他并不是周人的伪造,反而是在追思之虔诚、崇敬之高远的情境中构造出的。具体而言,他是周贵族在周文化的背景中酝酿、铸造的,他汇聚了周人至少是周贵族的价值观念、信仰观念,甚至在一定程度上也反映了他们对理想人格的设想。这一想象性质的祖先形象,在周代社会中发挥其作用:周人祖先完美的形象本身就超越现实中人,对现实中人享有权威。加之其光明、高大,像天一样,传达出一些特别的意义,更加令世俗中人顶礼膜拜。不言而喻,当周之子孙祭之如仪时,这一固定的祖先形象所起到的作用无疑强化了周人对祖先的认同,由此进一步确认和增强了家

"帅型祖考"

族共同意识,促进了周人家族、周代社会获得统一的道德性和整体的凝聚性,从而达到长治久安之效。

## 二、周代的"威仪"观念

威仪对于周人十分重要,人们甚至以"威仪"预测贵族的兴亡。对于威仪的含义,学者们有很多论述,不少学者以为威仪是周代贵族精神风貌的体现。实际上,"威仪"的含义在两周时期有所变化。西周时,"威仪"与德意义接近,指规则、准绳。春秋时期,威仪开始与言语、动作、风貌等有较多的联系,威仪外在化的特征比较明显。然而即便如此,威仪所具有的规则、礼法之义并未消失。在春秋时人的心目中,内有德操而外显威仪,是理想人格的体现。

周人十分看重威仪,对于威仪有许多论述。其中,春秋时期卫国北宫文子所说"君子在位可畏,施舍可爱,进退可度,周旋可则,容止可观,作事可法,德行可象,声气可乐,动作有文,言语有章,以临其下,谓之有威仪也"予后人以深刻影响。依文子所说，威仪存在于贵族生活的方方面面、点点滴滴，对于贵族非常重要。其实，不但春秋时人重威仪，西周时人即已对威仪有所阐发。在西周人的观念中，祖先是有德之人，也是有威仪之人，子孙不但需要"帅型祖考之德"，效法祖先之德，同时也必须"帅型祖考威仪"，学习祖先的威仪。"威仪"如同"德"一般，对于周人具有举足轻重的作用。清儒阮元在总结中国传统人性论时，甚至认为威仪体现出商周时人对于性、命的认识。[1] 威仪在传统文化中的意义，由此可见一斑。

关于威仪之所指、威仪的内涵，古今中外学者皆有所阐发，然而仍有可补充之处，特别是威仪内涵在两周时期的变化情况，鲜有学者论及。以下试进行论述，以裨益于从这一侧面了解两周社会的不同风貌。

---

[1] 阮元说："晋、唐人言性命者，欲推之于身心最先之天；商、周人言性命者，祗范之于容貌最近之地，所谓威仪也。"(《揅经室集》，北京：中华书局，1993年，第217页)

## 二、周代的"威仪"观念

## (一)西周时期祖先的威仪

关于威仪的含义,古今中外学者已有论述。大致可将相关论点归为两类:

第一,威仪为精神气质与动容举止、言谈瞻视的集合,是内在之德的外在体现,显示出风范、仪度。汉代经学家毛亨云"君子望之俨然可畏,礼容俯仰各有宜耳"谓之有威仪,[1] 在这里,威仪指外在仪容。郑玄亦云:"人密审于威仪,抑抑然是其德必严正也。古之贤者道行心平,可外占而知内,如宫室之制,内有绳直,则外有廉隅。"[2] 郑玄将德、心与威仪区分为内外之属。他所说的威仪是德之外在显现的观点对后世影响很大。清初大儒王夫之的说法较之郑玄有所不同,他更强调威仪与心的关联:"威仪者,礼之昭也。其

---

[1] 见《诗经·邶风·柏舟》"威仪棣棣,不可选也"句,毛传。阮元校刻:《十三经注疏·毛诗正义》卷二,北京:中华书局,1980年,第297页。
[2] 《诗经·大雅·抑》"抑抑威仪,维德之隅"句,郑玄笺。阮元校刻:《十三经注疏·毛诗正义》卷十八,第554页。

发见者,于五官四支;其摄持也惟心。"[1] 王夫之认为,威仪由心含摄,但由身体五官四肢所显现。威仪与心的关联虽然紧密,但仍然是心之外化。

近当代学者对频繁出现于周代文献中的威仪也有所阐发,不少学者将威仪理解为外在的风度、仪容。如"威者,和顺中积,英华外发,自然之威德风采也;仪者,正衣冠,尊瞻视,动容周旋中礼者也"[2],将威仪概括为风采、英气;还有学者说"'敬'和'德'是一种气质,具有某种程度的抽象性,但都从行为举止显现出来,在封建时代具体的依托则是威仪……'德'与'仪'实一物之两面……'德'内而'仪'外,是评论封建君子人格的依据……威仪者,封建贵族服饰打扮、言谈举止、身体和精神状态的总和,古代谓之'容'……金文的'秉威仪'大概就是指言谈举止合乎

---

[1] 王夫之:《尚书引义》"顾命",收入《船山全书》(二),长沙:岳麓书社,1996年,第406—410页。详细辨析见陈明《"威仪"与"文质"——王船山〈尚书引义·顾命〉中的礼学思想》,《中国哲学史》2014年第4期。
[2] 竹添光鸿:《春秋左氏会笺》卷19,成都:巴蜀书社,2008年,第1592页。

规矩，可供风范"[1]，认为威仪是指合于规范的言谈举止，强调服饰仪态、精神气质等因素构成了威仪的主要内容。[2]

第二，威仪指规范、准则，甚至在一定程度上可与德相通。这一观点与上述毛、郑等持论不同，不强调威仪与德内外的区分，而是将威仪与德系联起来。杨向奎先生对此阐发颇多，他说："从'敬慎威仪，以近有德'中，可以看出威仪和德是相通的。'威仪'即礼之组成部分，在西周有时即以威仪代礼""（周人）以威仪为规范行为，而'规范行为'也就是德""威仪

---

[1] 学者还注意到西周金文中"令德"与"威仪"常常并言。杜正胜认为"西周时人相信继承祖先明德和效法祖先威仪，即是一体之两面"。"威仪讲究'敬'和'慎'，不仅是装饰门面的仪物，更在言语进退中反映一个人的精神意志。"以为威仪与内在的精神意志有关，是内在精神外在化的反映（杜正胜：《从眉寿到长生——医疗文化与中国古代生命观》，台北：三民书局，2005年，第214页、第210—211页）。

[2] 于省吾先生引春秋时期沇儿钟铭文、《诗经·小雅·宾之初筵》《大雅·抑》等，指出"古人饮宴无不以慎动静、谨威仪为言也。盖盛世君臣，其上下相与之际，周旋动静之节，钦翼夤寅如是之矜而慎也，故虽威仪之末节，适可瞻兴衰之所由"（于省吾：《双剑誃尚书新证》，北京：中华书局，2009年，第281页）。释《诗经·大雅·抑》谓"审密的威仪，维德之匹配。德为内容，威仪为德之表达形式，言其表里相称"（《泽螺居诗经新证》，北京：中华书局，2009年，第165页）。

"帅型祖考"

也是礼的概括，故可以当作德之同义语。"[1] 高亨先生也说"威仪，礼节"[2]，他们所认为的威仪是一种规范，近似德行。

两种持论并不相同。那么，威仪的含义究竟是什么？威仪与德存在怎样的关系？由西周至东周，威仪的含义是否有所变化？

回答这些问题，需要追溯至西周时期。就目前所见，"威仪"最早出现于西周晚期青铜铭文中，晚于"德"的出现。"威仪"主要见于叔向父禹簋、虢叔旅钟、㝨钟、㝨簋。㝨簋铭文记述：

> 㝨曰：丕显皇祖考嗣威仪，用辟先王，不敢弗帅用夙夕。[3]

㝨颂扬光明的皇祖考持守威仪，以臣事于先王。㝨表示自己昼夜勤勉效法祖考。铭文中，具有威仪的

---

[1] 杨向奎：《宗周社会与礼乐文明》，北京：人民出版社，1992年，第332—333页。
[2] 高亨：《诗经今注》，上海：上海古籍出版社，1980年，第456页。
[3] 《集成》04170。

是皇祖考,而祖考所拥有的威仪,其作用是"用辟先王"——臣事周先王。换言之,威仪是祖考敬奉天子的一种素质。西周青铜铭文中,"用辟先王"之前多有"敬明乃心"[1]"雉明厥心"[2]一类说法,表示侍奉上司的恭敬、勤谨,如师望鼎谓"丕显皇考宄公,穆穆克明厥心,哲厥德,用辟于先王"[3],所谓"克明厥心,哲厥德"都是先祖勤劳王家的品行。将瘋簋铭文中的"威仪"与其他铭文中的"明心""哲德"等相比,知其有相似性,皆为职事上级、恪尽职守的操行。

事实上,缕析西周铭文,则可见"威仪"皆用以表示祖先尽职尽责的品行、操守。叔向父禹簋记载:"叔向父禹曰:余小子司朕皇考,肇帅型先文祖,恭明德,秉威仪,用申恪奠保我邦、我家,作朕皇祖幽大叔尊簋。"(见右图)[4]

叔向父禹簋

---

[1] 皇盨(《集成》04469)。

[2] 刘怀君、刘军社:《陕西眉县杨家村西周青铜器窖藏》,《考古与文物》2003年第3期。

[3] 《集成》02812。

[4] 《集成》04242。

"帅型祖考"

叔向父禹说自己继承父考,以先祖为典范,恭敬明德,秉持威仪,以定保周邦。禹之先祖,见诸禹鼎铭文,其谓"皇祖穆公,克夹绍先王,奠四方"[1]。由于先祖之荫蔽,禹得以接任父考懿叔之职,"政于邢邦"[2]。按照陈梦家先生考证,穆公为禹之高祖。[3] 高祖穆公所拥有的"明德""威仪",具体体现为辅弼先王、安定四方。由叔向父禹簋可进一步看到,祖先是威仪的来源,并且"威仪"与"德"一般,同为先祖协助周王安定周家的重要素质。叔向父禹簋铭文中,"恭明德""秉威仪"为递进关系,而在虢叔旅钟铭文中,"威仪"与"德"具有同质性:

　　虢叔旅曰:丕显皇考惠叔,穆穆秉元明德,御于厥辟,得纯亡愍。旅敢肇帅型皇考威仪,祗御于天子。[4]

---

[1] 《集成》02833。
[2] 《集成》02833。
[3] 陈梦家:《西周铜器断代》,北京:中华书局,2004年,第272页。
[4] 《集成》00238。

## 二、周代的"威仪"观念

虢叔旅追美父考惠叔庄重谨慎地秉持明德,侍奉其君,有厚福而无忧。旅勤敏地效法父考之威仪,敬事天子。可堪注意者,铭文套语"肇帅型祖考之德"在这里写为"肇帅型皇考威仪",充分说明"德"与"威仪"有一致性。"威仪"与"德"的关系耐人寻味。在瘨钟铭文中,威仪包含于德之中,是构成德的要素:

> 瘨曰:丕显高祖、亚祖、文考,克明厥心,胥尹敊厥威仪用辟先王。瘨不敢弗帅祖考秉明德,恪夙夕佐尹氏。[1]

瘨夸美祖先明其心,以其威仪奉事先王,[2] 瘨表示以持守明德的祖考为学习典范,勤敬地辅佐其上司尹氏。瘨所效法的祖先之德,在铭文中包括"克明厥心"和以威仪"用辟先王",显然,"威仪"是祖考之明德所含有的内容。

综合上述青铜铭文,可知:1. 具有威仪者是皇皇先祖,子孙可以获得威仪,其方式是以先祖为榜样,

---

[1] 《集成》00247。
[2] "胥尹敊厥威仪用辟先王"句中"胥"与"敊"字之义不明,暂不释。

学习祖先从而具有威仪。这一途径,与"帅型祖考之德"如出一辙——仿效祖考之德以拥有德。2. 西周金文中的"威仪"全部与敬事天子、效力王家有关,是用以描摹先祖品质、操行的词语,没有显露出任何与仪容、气质有关的内容。不仅如此,铭文中的威仪多与德相对应,甚至出现与"德"互换的情况,表明威仪与德内涵相近。因此,难以说德与威仪是一内一外的关系。

青铜铭文之外,威仪多见于传世文献。周初八诰之一的《酒诰》记载周公之言,"我闻亦惟曰:在今后嗣王……诞惟厥纵,淫泆于非彝,用燕丧威仪,民罔不盡伤心。惟荒腆于酒,不惟自息乃逸"[1]。《酒诰》是康叔封卫,周公所作训诰。周公惧民众染于殷人嗜酒习俗,故告康叔以戒酒之法。周公说商纣王(后嗣王)时,大行其淫乱之事,以安泆失威仪,民无不伤痛于心。而纣纵欲饮酒,不自止其过。[2] 在这里,与"用燕丧威仪"相应的,是纣"淫泆于非彝",均指纣纵酒放荡这

---

[1] 《酒诰》,见阮元校刻《十三经注疏·尚书正义》卷十四,北京:中华书局,1980年,第207页。
[2] 泆,乐也;非彝,非常,指不合常规之事;燕,安也,饮也;盡,伤痛之义。

## 二、周代的"威仪"观念

样不合事理的举动,"非彝"与"丧威仪"所指为同类事,是非常理、非伦常之事。《顾命》篇记载了成王将崩,乃命召公、毕公辅相太子所作的诰命之辞。成王说"思夫人自乱于威仪,尔无以钊冒贡于非几",乱,治也。意谓辅佐之臣当自治以威仪,勿使嗣王觸陷于危险之中。[1] 这里的意思,实际与《酒诰》所说一致,指若失去常规,则身陷囹圄。《酒诰》《顾命》中的记载,都显示"威仪"与伦常、规矩有关,而与后世所谓的"有威可畏""有仪可象"相距遥远。

《诗经》诸篇中,也有不少诗句涉及威仪。《诗经·大雅·民劳》篇反映了上层集团的昏乱,一般以为作于

---

[1] 康王名钊。关于此句,孔安国传曰"群臣皆宜思夫人,夫人自治正于威仪,有威可畏,有仪可象,然后足以率人,汝无以钊冒进于非危之事"(阮元校刻:《十三经注疏·尚书正义》,第238页)。冒,觸;贡,马融、郑玄作赣,马融说"赣,陷也"(周秉钧:《尚书易解》,长沙:岳麓书社,1984年,第276页)。文中的"几"字之释,各家不一。孔安国释为危(阮元校刻:《十三经注疏·尚书正义》,第238页);林之奇为"兆","'非几'者,林子和曰'几者,动之微,吉之先见;非几,则危乱之兆也'是也"(转引自刘起釪《尚书校释译论》,北京:中华书局,2005年,第1733页);杨筠如先生释"非几"为"诽讥","非几,当即'诽讥'之省"(《尚书覈诂》,黄怀信点校,西安:陕西人民出版社,2005年,第415页);周秉钧先生引《小尔雅·广诂》"法也"(《尚书易解》,第76页)。本文从周秉钧先生释。

"帅型祖考"

周厉王时代。诗篇谓"敬慎威仪,以近有德"[1],是说恭敬谨慎威仪,则近于德。在这里,威仪与德的关系十分密切。《诗经·大雅·烝民》是赞颂仲山甫的诗篇,写作时代为西周晚期以降。诗谓"仲山甫之德,柔嘉维则。令仪令色,小心翼翼。古训是式,威仪是力。天子是若,明命使赋"[2],关于此诗,毛传谓:"力,犹勤也。勤威仪者,恪居官次,不解于位也。"毛传之释,可谓深契诗旨。仲山甫为周宣王的大臣,仲山甫之德体现为他柔和嘉美而有法度,他的态度美善,小心翼翼,他遵循古人遗教,勤于威仪。诗篇赞美他"令仪令色",使得德、威仪与仪容、辞色方面的内容联系起来,但是,应当注意到,诗篇的落脚点其实在于赞颂仲山甫顺承天子、布天子明命("天子是若,明命使赋"),[3] 即仲山甫具有臣德,而诗篇中的"勤于威仪",就是他所拥有的臣德的重要体现。《诗经·大雅·抑》

---

[1] 《诗经·大雅·民劳》,见阮元校刻《十三经注疏·毛诗正义》卷十七,第548页。
[2] 《诗经·大雅·烝民》,见阮元校刻《十三经注疏·毛诗正义》卷十八,第568页。
[3] 毛传:"若,顺。"见阮元校刻《十三经注疏·毛诗正义》卷十八,第568页。

## 二、周代的"威仪"观念

说"抑抑威仪,维德之隅……敬慎威仪,维民之则",隅,毛传"廉也",即侧边。[1] 意谓威仪是德之辅助,也是民之规则,可见威仪与德行、法则的关系殊为贴近。[2]《诗经·大雅·假乐》是为周王颂德祝福之诗,诗篇歌颂周王"威仪抑抑,德音秩秩",这里,威仪与德音相并列。[3] 此外,《诗经·大雅·既醉》也说在祭祀之时,"朋友攸摄,摄以威仪",郑玄注谓"言朋友以礼仪相摄"[4],是说主祭者以朋友相辅佐,而以礼仪相摄佐。显然,此处的礼仪是指规矩。

要之,就《诗》《书》所记来看,虽未明确说明威仪到底是什么,但可见威仪与德行、法则相关,而不

---

[1] 马瑞辰指出"汉刘熊碑'维德之偶',偶即隅之假借"(《毛诗传笺通释》,北京:中华书局,1989年,第945页)。"德之偶",则与德为双,更加突出了"威仪"与"德"的关联。

[2]《诗经》中其他篇章如《大雅·板》《大雅·瞻卬》《鲁颂·泮水》等中"威仪"皆与"则""德"有关联,文不备举。李德龙先生也注意到《诗经》中威仪与德的关系,见《先秦时期德观念源流考》,吉林大学博士学位论文,2013年,第150页。

[3] 毛传"抑抑,美也;秩秩,常常也",郑笺"抑抑,密也;秩秩,清也。成王立朝之威仪致密无所失,教令又清明"。见阮元校刻《十三经注疏·毛诗正义》卷十七,第541页。

[4]《礼记·缁衣》"诗云'朋友攸摄,摄以威仪'",郑玄注。见阮元校刻《十三经注疏·礼记正义》卷五十五,北京:中华书局,1980年,第1650页。

"帅型祖考"

是动容举止、精神风貌。这一点,与西周金文所记相合。

那么,威仪究竟何指?"威"字在金文中作"㦰",从女从戌,或作从女从戈,显示威慑。"威"有准则义,《尔雅·释言》曰"威,则也"[1]。《诗经·周颂·有客》"既有淫威",毛传"淫,大;威,则"[2]。此外,"威"亦有"德"义。《广雅·释言》"威,德也"[3]。孔颖达疏《诗经·周颂·有客》"既有淫威,降福孔夷"句谓"言有德,故易福"[4]。清代学者马瑞辰引《风俗通义》"十反"篇《书》曰'天威棐谌',言天德辅诚也"谓"是知古者威有德训,'既有淫威'犹云既有大德耳"[5]。王念孙释《汉书叙传》"嬴取威于百仪"句,云"威与德同义。此言伯益有仪百物之德,而嬴氏以兴"[6];"仪"字,亦有法则之义。《说

---

[1] 《尔雅·释言》,见阮元校刻《十三经注疏·尔雅》卷三,北京:中华书局,1980年,第2585页。

[2] 阮元校刻:《十三经注疏·毛诗正义》卷十九,第597页。郑玄则将威仪理解为"动作而有度"。

[3] 《广雅·释言》,见王念孙《广雅疏证》卷五,北京:中华书局,2004年,第150页。

[4] 《诗经·周颂·有客》,孔颖达疏。见阮元校刻《十三经注疏·毛诗正义》卷十九,第597页。

[5] 马瑞辰:《毛诗传笺通释》,第1088页。

[6] 王念孙:《读书杂志》中册,北京:中国书店,1985年,第25页。

## 二、周代的"威仪"观念

文》"仪,度也"[1],韦昭注《国语·周语下》"仪之于民",谓"仪,准也"[2]。因此,"威仪"原本就包含准则、规则、德的含义。再结合西周金文、《诗》《书》所记,可说威仪包括两方面的意义:1. 合于准则、规矩的行为;2. 规则,准则。可以说,西周时期,"威仪"是与"德"意义相近的词语,彼时"德"尚未内化为心中之德,"威仪"也并非偏重于外在仪容,德与威仪不是一内一外的关系。[3]

---

[1] 段玉裁:《说文解字注》八篇上人部,上海:上海古籍出版社,1981年,第375页。

[2] 韦昭注:《国语》,上海:上海古籍出版社,1978年,第105页。

[3] 关于威仪所具有的准则方面的含义,学者们也有所注意,如有学者指出"威仪乃是先秦贵族所展现出的可以为百姓效法的容止、仪法等,其实质是以礼来规范人的身体,使其周旋揖让、盘桓辟退、登降上下等行为皆合乎礼节。在周代文化背景下,威仪乃是君子人格的体现,是内在道德与外在礼容的和谐一体,即《孟子·尽心下》所说的'动容周旋中礼者,盛德'"(曹建墩:《先秦礼制探赜》,天津:天津人民出版社,2010年,第227—228页)。学者既指出威仪有仪法方面的含义,但又将其解释为"内在"于"外在"的体现。又如"'威仪'既指某种政治伦理原则,又指某些政治行为,两者其实无法分开"(李雷东:《历史语境下的西周"威仪"观》,《甘肃社会科学》2013年第6期)。

## （二）春秋时期威仪观念的变化

春秋社会，威仪成为人们的常用语。一方面，威仪保留了西周时期的含义；另一方面，威仪的意义有所变化。

进入春秋以来，人们言说"威仪"，常常将之与宗法社会中的等级等差、礼法礼制相系联。例如《左传》隐公五年记载，鲁隐公将如棠观鱼。臧僖伯进谏，说："凡物不足以讲大事，其材不足以备器用，则君不举焉……昭文章，明贵贱，辨等列，顺少长，习威仪也。"[1]在这里，"威仪"与"文章""贵贱""等列""少长"并置，显然是辨别等级的诸要素之一，甚至可以说它就是规则。《诗经·邶风·柏舟》谓"威仪棣棣，不可选也"，毛传"棣棣，富而闲习也"[2]。依照毛传所说，此处之威仪是状摹君子雍容娴雅之貌。但《左传》襄公三十一

---

[1] 《左传》隐公五年。

[2] 阮元校刻：《十三经注疏·毛诗正义》第297页。关于威仪，毛传谓"君子望之俨然可畏，礼容俯仰各有威仪"，推阐其意，这里的威仪是指动作举止的尺度。郑玄则谓"称己威仪如此者言己德备"，将威仪解释为德。

## 二、周代的"威仪"观念

年北宫文子曾引此诗,谓"《卫诗》曰:'威仪棣棣,不可选也。'言君臣、上下、父子、兄弟、内外、大小皆有威仪也"。诗篇中的威仪,林义光先生以《左传》所说"君有君之威仪,臣有臣之威仪"为解,认为"威仪棣棣"是指君臣、上下相次;[1] 而高亨先生径以"法度、礼节"为释。[2] 因此这里的"威仪棣棣"不能理解为容止,而应当是规则、礼法,与西周时期威仪的含义有一致性。

卫国北宫文子"威仪"之论,堪称经典,为人们所熟知。但文子所说的威仪,仍与德、法相联,而不尽指仪态容貌。《左传》襄公三十一年记,北宫文子相卫襄公至楚,见楚令尹围有国君之仪,[3] 于是推断令尹将有取代楚君之志。但文子预言其志虽能实现,但并不能善终。北宫文子所观察到的令尹围之威仪,是外在的表现。接着,卫襄公询问北宫文子何以预测令尹围不得善终,北宫文子所答引人深思。他首先说:

---

[1] 林义光:《诗经通解》,上海:中西书局,2012年,第31页。

[2] 高亨:《诗经今注》,第36页。

[3] 原文作"北宫文子见令尹围之威仪",有人指出"威"字涉下文而衍。下文明言令尹无威仪,则不可得言见令尹之威仪矣(转引自杨伯峻《春秋左传注》,北京:中华书局,1982年,第1193页)。

> 《诗》云:"敬慎威仪,惟民之则。"令尹无威仪,民无则焉。民所不则,以在民上,不可以终。[1]

按照北宫文子所说,民之"则"仿效于令尹之"威仪",可见"威仪"与准则是同义语。日本学者竹添光鸿也说"似君是无威仪也"[2],在他看来,令尹围僭礼、无礼,即无威仪。"威仪"的含义与"礼"十分贴近。在论述令尹围无威仪而不得善终之后,北宫文子向卫君阐述了何为威仪:

> 有威而可畏谓之威,有仪而可象谓之仪。君有君之威仪,其臣畏而爱之,则而象之,故能有其国家,令闻长世。臣有臣之威仪,其下畏而爱之,故能守其官职,保族宜家。顺是以下皆如是,是以上下能相固也。《卫诗》曰:"威仪棣棣,不可选也。"言君臣、上下、父子、兄弟、内外、大小皆有威仪也。《周诗》曰:"朋友攸摄,摄以威仪。"

---

[1] 《左传》襄公三十一年。
[2] 竹添光鸿:《左氏会笺》,成都:巴蜀书社,2005年,第1592页。

## 二、周代的"威仪"观念

言朋友之道，必相教训以威仪也。《周书》数文王之德，曰："大国畏其力，小国怀其德。"言畏而爱之也。《诗》云："不识不知，顺帝之则。"言则而象之也。纣囚文王七年，诸侯皆从之囚。纣于是乎惧而归之，可谓爱之。文王伐崇，再驾而降为臣，蛮夷帅服，可谓畏之。文王之功，天下诵而歌舞之，可谓则之，文王之行，至今为法，可谓象之。有威仪也。故君子在位可畏，施舍可爱，进退可度，周旋可则，容止可观，作事可法，德行可象，声气可乐，动作有文，言语有章，以临其下，谓之有威仪也。[1]

北宫文子所说为人们耳熟能详。其所论威仪，从根本上说，是"临下"之法。这个"威仪"大致可概括为三个方面的内容：第一，威仪总括了君子言语、容仪、瞻视、行步，是外在动容举止的总和，显现出人的精

---

[1] 《左传》襄公三十一年。

神风貌。[1]文子在这一方面的论述对于后人阐发"威仪"影响甚深,自此之后,人们倾向于将威仪理解为容貌、颜色、辞气等外在因素;第二,威仪是别君臣、上下、内外、大小的礼法、规矩。无威仪,则下凌上、疏间亲、小加大,导致社会秩序混乱不堪;第三,威仪是可则可法的准绳。北宫文子说文王有威仪,而文王之威仪,包括文王行事有规矩准则,重德修教,与文王懿德、美行有关。综括而言,北宫文子论述的威仪,包括外在动容举止、精神气质,但同时也包括德行、法则方面的内容。"威仪"与德、与礼制,仍然如影随形,难以将"德"与"威仪"截然划分为内外关系。

然而,毋庸置疑的是北宫文子所论"威仪",已明确地与进退、周旋、容止、声气、言语、动作等外在因素相关,这样的"威仪"是人外在情貌的体现,威仪的内涵发生了微妙的变化。阮元曾就北宫文子所说威仪予以评论,说"未尝求德行言语性命于虚静不易思索之境也"。在阮元看来,春秋时人好就具体事实

---

[1] 杨伯峻先生指出"有仪而可象谓之仪"与"见令尹围之仪"内涵不同,他说"令尹围之仪指其陈设仪式等而言,《诗》及此仪则指其仪容举止言语瞻视而言"(《春秋左传注》,第1194页)。

## 二、周代的"威仪"观念

言事,而未尝将其深化于心、性等虚空之地,显然他认为威仪是外在的表现。

的确,春秋时期,常常可见"威仪"与表示仪容风貌的外在因素相系联,成为雍容气度、翩翩风度的同义语。1979年河南淅川下寺所出春秋晚期王子午鼎谓:

> (王子午)自作䌉彝盥鼎,用享以孝于我皇祖文考,用祈眉寿,囹恭舒遲,畏忌趩趩,敬厥盟祀,永受其福。余不畏不差,惠于政德,淑于威仪,闌闌獣獣。[1]

类似的铭文见于M2所出王孙诰钟:

> (王孙诰)自作龢钟……有严穆穆,敬事,余不畏不差,惠于政德,淑于威仪,囹恭舒遲,畏忌趩趩。[2]

---

[1] 河南省文物研究所等:《淅川下寺春秋楚墓》,北京:文物出版社,1991年,第124页。
[2] 河南省文物研究所等:《淅川下寺春秋楚墓》,第143页。

"帅型祖考"

以及春秋晚期王孙遗者钟：

王孙遗者钟（铭文）

（王孙遗者）自作龢钟……用享以孝，于我皇祖文考，用祈眉寿，余圅恭舒迟，畏忌翼翼，肃哲圣武，惠于政德，淑于威仪，诲猷丕饬。[1]

三例铭文中，充溢着作器者自诩之辞。其中"惠于政德，淑于威仪"是共通的内容，足见"威仪"对于器主而言具有重要意义。作器者夸美自身"圅恭"[2]"畏

---

[1] 《集成》00261。

[2] 圅恭，或释为"函恭"，恭敬谦让之义（伍士谦：《王子午鼎、王孙诰钟铭文考释》，《古文字研究》第 9 辑，北京：中华书局，1984 年）；或释为严恪，意为严格恭敬（马承源：《商周青铜器铭文选》四，北京：文物出版社，1990 年，第 423 页）；或读"圅"为"温"，"温恭"类于《诗经·小雅·小宛》"温温恭人，如集于木"，《诗经·大雅·抑》"温温恭人，维德之基"，《诗经·大雅·宾之初筵》"宾之初筵，温温其恭"，意为颜色和悦而恭敬（刘钊：《释愠》，《容庚先生百年诞辰纪念文集》，广州：广东人民出版社，1998 年，第 479—485 页）。

## 二、周代的"威仪"观念

忌翼翼"[1]"敬厥盟祀""不畏不差"[2]"有严穆穆""敬事""肃哲圣武",这一类铭辞都表示他们恭敬、庄重、谨慎,因此能够和于政德。而铭文中"威仪"的含义,学者们有不同意见,[3]对此需要结合铭文上下文意,比较西周金文来分析。就铭文整体看,器主强调自身具有恭敬之态,因此,"威仪"也当包括这方面的含义,特别是"惠于政德"与"淑于威仪"相对成文,使得"威仪"与"德"的关系比较靠近。[4]与西周铭文相比,可知"威仪"不再是祖先奔走王命、效力上级的操守,而纯粹是生者自我品行的描述,就此可说"威仪"原本所包含的"德"方面的意义淡化了。并且,铭文中都有作器者自认"舒迟"之语。所谓舒迟,见于《礼

---

[1] 畏忌翼翼,畏,敬也;翼翼,恭也。畏忌翼翼表示恭敬。

[2] 不畏不差,即不畏惧,无差缪。

[3] 有学者认为"惠于政德,淑于威仪"是指既能施以政德,又能以身作则,做出榜样(赵世纲、刘笑春:《王子午鼎铭试释》,《文物》1980年第10期),以"威仪"为准则义。多数学者将"威仪"理解为礼容。

[4] 春秋时期铭文中的"威仪"仍含有礼法之义,如春秋晚期沇儿钟谓"龢会百生,淑于威仪,惠于盟祀"(《集成》00203),器主赞美自己协和百姓,和顺祭祀,因此铭文中的"淑于威仪"不当指外在仪容,而是肯定自身善于礼法。

记·玉藻》"君子之容舒迟",孔颖达疏"舒迟,闲雅也"[1],是对于礼容的描绘,这就使得铭文中威仪所含有的仪容方面的因素增强。而且,铭文中的"闌闌獸獸",也有可能是对于精神风貌的描写,[2]倘如此,则"威仪"所显示的风华、风采方面的含义增多了。

春秋社会,出现了威仪体现外在风范、风度的趋势,而德与威仪被赋予内、外的关系,也当在这一时期。

《国语·周语中》记载了周襄王之语:"服物昭庸,采饰显明,文章比象,周旋序顺,容貌有崇,威仪有则,五味实气,五色精心,五声昭德,五义纪宜,饮食可飨,和同可观,财用可嘉,则顺而德建。"[3] 这里所说的服物、采饰、文章、周旋、容貌、威仪等,都是外在仪容。特别是"威仪"与"容貌"并列,更加增添了"威

---

[1] 《礼记·玉藻》,见阮元校刻《十三经注疏·礼记正义》卷三十,北京:中华书局,1980年,第1484页。

[2] 闌闌獸獸,伍士谦先生根据郭沫若释令狐嗣子壶将此句释为"柬柬肃肃",以为"柬柬"即"简简",形容声之和。而《诗经烝民》"肃肃王命"之"肃肃"为敬之意(伍仕谦:《王子午鼎、王孙诰钟铭文考释》),故"闌闌獸獸"仍指恭敬;马承源先生以为是"闲闲悠悠",表闲暇自得(马承源:《商周青铜器铭文选》四)。如此,则指仪态容止。两说皆有理。

[3] 《国语·周语中》,见韦昭注《国语》,第65页。

仪"外在化的特征。又如,《左传》成公十三年记载"刘康公、成肃公会晋侯伐秦。成子（成肃公）受脤于社,不敬。刘子（刘康公）曰：'吾闻之,民受天地之中以生,所谓命也。是以有动作礼义威仪之则,以定命也。能者养以之福,不能者败以取祸……今成子惰,弃其命矣,其不反乎？'"刘康公、成肃公皆王朝卿士,成肃公祭祀时不敬,刘康公遂预言其将死。而他所观察的成肃公不敬,包含其动作、礼仪、威仪,显然,威仪为外在化的内容。再如,《左传》成公十四年卫定公饗晋卿苦成叔、宁惠子相礼,"苦成叔傲。宁子曰：'苦成家其亡乎！古之为享食也,以观威仪、省祸福也……今夫子傲,取祸之道也'"。宁惠子以苦成叔之威仪违礼而预测其将亡,威仪为可观之事,其外在的性质是十分明显的。此外,《诗经》中的若干诗篇也表明"威仪"表示外表仪容。《小雅·宾之初筵》是描写贵族宴饮之诗,诗曰"其未醉止,威仪反反；曰既醉止,威仪幡幡","其未醉止,威仪抑抑；曰既醉止,威仪怭怭",毛传"反反,言重慎也；幡幡,失威仪也","抑抑,慎密也；怭怭,媟嫚也"；郑笺"宾初即筵之时,能自救戒以礼,至于旅酬,而小人之态出"[1]。醉酒之前,贵族美而善;酒醉之后,自矜而懈怠。[2] 这里的威仪都是指外在仪态。[3]

威仪体现出的是外貌情貌,但威仪是以内在之德为支持的。1955年安徽寿县所出春秋晚期蔡侯申尊,描绘了一位女子外在的端庄、雅致及其内在的品行,谓:

---

[1] 阮元校刻:《十三经注疏·毛诗正义》卷十四,第486页。陆德明《释文》指出"反反",《韩诗》作"昄昄","反反"为"善貌"(陆德明:《经典释文》,北京:中华书局,1983年,第87页);马瑞辰引《尔雅·释诂》"昄,大也"、《玉篇》"昄,大也,善也",认为"反反"为大、善义(《毛诗传笺通释》,第752页);林义光以为"反反"与"昄昄"同,"分明之貌"(《诗经通解》,第281页)。

[2] "威仪幡幡",王先谦引黄山语:《文选》李贤注扬雄《羽猎赋》"骈衍佖路"谓"佖,满也","是自以为有威仪,即矜张自满之貌"(《诗三家义集疏》,北京:中华书局,1987年,第785页)。

[3] 马瑞辰指出"抑抑"有密、审谛之义外,"抑"亦为"懿"之同声假借字,具有美之义(《毛诗传笺通释》,第753页)。"威仪抑抑"句,又见于《大雅·假乐》与《大雅·抑》篇,但就上下文意看,其意并不相同;《宾之初筵》篇描写宴饮中的仪态,而《假乐》与《抑》主要描写君子之德,如《假乐》说君子为"四方之纲""之纲之纪",而《抑》篇谓"敬慎威仪,维民之则"。故《宾之初筵》之威仪为外在之仪,而《假乐》《抑》中之威仪与则、德接近。唯《抑》篇云"慎尔出话,敬尔威仪",将言语与威仪联系在一起,透露出威仪与言语、声音、动作等有关。

## 二、周代的"威仪"观念

（大孟姬）禤諆整肅，籏文王母，穆穆亹亹，恖害訴旸，威仪遊遊，霝颂託商，康谐穆好，敬配吴王。[1]

铭文记录了蔡吴两国联姻，蔡侯申之女嫁与吴国。铭文对入吴的蔡侯之女有比较细致的训导，意谓蔡女庄敬嘉善，端正严肃，遵循文王母大任之德，[2] 恭敬勉力，聪明坚贞，欢欣舒畅。尊贵的仪表非常之惬

---

[1] 《集成》06010。
[2] 此处之籏，各家隶定不一。唐兰先生释为"类"字（《〈五省出土重要文物展览图录〉序言》，《唐兰先生金文论集》，北京：紫禁城出版社，1995年，第76页），今从之。

意,仪容美好而显明。[1] 盘铭中的威仪,明显是指仪态、礼容,并且是女子的容仪风采。可以肯定地说,这里的"威仪",意指人内在之美好所散发出的气质风度,侯外庐先生在考察西周末到春秋时代的思想时,曾经说过:"德成了一种'古式',把古式当做政策,以揉治万邦。而且道德也形式化了,主要是在讲威仪。阮元曾考证春秋时代才重视威仪,这话是对的"[2]。在春秋时期,威仪与品德开始具有了互为表里的关系。威

---

[1] 禬,假借为"齐",义同庄敬;叚假为"嘉",整肃;亹亹,《诗经·大雅·文王》"亹亹文王,令闻不已",毛传"亹亹,勉也"(阮元校刻:《十三经注疏·毛诗正义》卷十六,第504页)。"恩害訢旸",恩与聪同;害,于省吾先生读为介。《荀子·修身》"善在身,介然自好也",杨注"介然,坚固貌"(王先谦:《荀子集解》,北京:中华书局,1988年,第21页);訢,欣;遊遊,即悠悠,自在的样子;霝即灵,善也;颂,陈秉新先生以为是"容"之本字;讬,马承源先生以为假为"姹",《玉篇》"女部"姹,美女。陈秉新先生认为假为"度"。此处从马承源先生释;商,彰。(铭文之释参郭沫若:《由寿县蔡器论到蔡墓的年代》,《考古学报》1956年第1期;陈梦家:《寿县蔡侯墓铜器》,《考古学报》1956年第2期;于省吾:《寿县蔡侯墓铜器铭文考释》,《古文字研究》第1辑,北京:中华书局,1979年;马承源主编:《商周青铜器铭文选》四,北京:文物出版社,1990年;陈秉新:《寿县蔡侯墓出土铜器铭文通释》,《楚文化研究论集》(二),武汉:湖北人民出版社,1991年;崔恒昇:《安徽出土金文订补》,合肥:黄山书社,1998年)

[2] 侯外庐、赵纪彬、杜国庠:《中国思想通史》第一卷,北京:人民出版社,1957年,第120页。

## 二、周代的"威仪"观念

仪与品德相辅相成,内心的美善自然而然散发为外表的雍容典雅,外在的风华与内在的操守相得益彰。这是春秋时人所设想的完美人格。

综之,春秋社会,威仪具有了明显的外在仪容气度的含义,不过,威仪所具有的礼法、规矩方面的含义并未消失。

至战国时期,威仪较少地出现在人们的话题中。威仪的含义,大致与春秋时期相同。许多情况下,威仪表示容止外观。例如墨家学派从"节用"的角度,反对威仪,谓"俯仰周旋威仪之礼,圣王弗为"[1],以为威仪等皆为无用之虚饰。墨家又从对抗儒家学说的角度,以为威仪表现出的是空虚的礼文,云"昏礼威仪,如承祭祀……事亲若此,可谓孝乎?"在墨家看来,威仪仅是外在夸饰,缺少内在真实。晏子学派持论与墨家相同,他们认为注重威仪、繁化礼节是造成社会衰败的主因,谓"周室之卑也,威仪加多,而民行滋薄;声乐繁充,而世德滋衰"。在他们眼中,威仪徒具形式,而对于形式的强调势必削弱对本质的探索,造

---

[1]《墨子·节用中》。

成本末颠倒。墨家、晏子学派针砭时弊之论，透露出在他们的观念中，威仪侧重强调外在形式。又如《大学》谓"'赫兮喧兮'者，威仪也"，以"赫兮喧兮"为威仪。"赫兮喧兮"句出于《诗经·卫风·淇奥》，诗篇谓"有匪君子，如切如磋，如琢如磨，瑟兮僩兮，赫兮咺兮"，毛传"匪，文章貌；瑟，矜庄貌；僩，宽大也；赫，有明德赫赫然；咺，威仪容止宣著也"[1]，十分明显这里的威仪为外在之仪，是对君子容貌的描摹。但是，应当注意到，威仪仍然有礼法方面的含义，如战国时人常常有"礼仪三百，威仪三千"[2]的说法，此处的威仪显而易见为礼法。可见威仪原本的含义并未丧失。

综括上述，威仪的含义存在变化的过程。西周时期，"威仪"与德意义接近，指规则、准绳，那时的"威仪"尚不能单纯地理解为容貌举止。春秋时期，威仪开始与言语、动作、风貌等有较多的联系，威仪外在化的特征比较明显。但即便如此，威仪所具有的规则、礼法之义仍时有可见。在春秋时人的心目中，内有德操而外显威仪，是理想人格的体现。

---

[1] 《十三经注疏·毛诗正义》卷三，第321页。
[2] 语出《中庸》。

# 三、"帅型祖考"和"内得于己"
## ——周代"德"观念的演化

西周时期,周人明确了德的概念。其后,重要的问题是思考德由何而来、如何获取德,即如何修德。周人创造性地提出"帅型祖考之德"的观念,将距离遥远的天降之德转向"近取诸譬"的祖考之德,为社会中人们的修德开辟了可由之径。儒家"内得于己"的修身路径,实由此启其端。西周宗法社会,天子祖述文武之德,贵族善继祖考之德,似乎各家有各家之德。但是,祖考之德在实际中与臣德相合,因此,天子之德与祖考之德固非一宗一姓之私德,而是由家族伦理扩展为政治伦理,君君臣臣之价值观念由此而确立。

"帅型祖考"

在传统文化特别是古代思想史研究中,"德"是重要的内容。"德"涉及中国古代文化模式的奠定、民族性格的养成,[1]关联到商周之际的社会变革,西周时期的社会结构、信仰观念,亦牵引到春秋战国时期诸子思想的起源,被称为中国古代宏观与微观思想世界中仅次于"道"的核心概念,[2]成为学者十分瞩目的研究课题。然而考察有关"德"之研究成果,可以发现围绕早期德之来源等一系列问题,尚未引起学者的充分关注。

众所周知,周人明确了德的概念。而自春秋时期始,以孔子为代表的儒家学派逐渐发展出德修的观念,认为德内在于己,遂倡导自修、内修,将修德转入自我、内向一途,开创了修己成德的重要路径。儒家提出德

---

[1] 相关研究参见徐复观:《中国人性论史》,上海:上海三联书店,2001年,第20—22页;陈来:《古代宗教与伦理——儒家思想的根源》,北京:三联书店,1996年,第290—299页;郑开:《德礼之间——前诸子时期的思想史》,北京:三联书店,2009年,第19—30页。

[2] Peter A. Boodberg(卜弼德)说"德"是 "perhaps the most significant word, next to tao(道), in Ancient Chinese macro- and micro-cosmology". "The Semasiology of Some Primary Confucian Concepts", *Selected Works of Peter A. Boodberg*, Berkeley: University of California Press, 1979, p32.

### 三、"帅型祖考"和"内得于己"

从内在而来，依靠自我修习而获取，这一点在传统文化发展历程中意义重大。后人曾将此一修习方式概括为"内得于己"[1]"内得于心"[2]，将德之来源与内心、自修进一步扣合起来。然而，在孔子之前的时代，特别是对于西周时期的人们来说，纵然有德的观念，但德的来源如何，社会中的人们是否有成德的可能性，其获得"德"的途径是什么，其修德的方式又如何向儒家"内得于己"的路途转化，此一系列问题尚未得到完满解答。

有关德的来源问题未成为学者讨论的主要课题，但并非没有涉及。例如，有学者将中国古代的"德"与美拉尼西亚人超自然的"马那"（mana）以及族"性"相联，认为德源自"生"，即族姓。[3] 有学者认为"人

---

[1]《说文》心部："惪，外得于人，内得于己也。"（许慎撰，段玉裁注：《说文解字注》，上海：上海古籍出版社，1988年，第502页）

[2]《周礼·地官·师氏》"敏德以为行本"句郑玄注谓："德行，内外之称，在心为德，施之为行。"（孔颖达：《周礼正义》，阮元校刻：《十三经注疏》，北京：中华书局，1980年，第730页）《左传》桓公二年"昭德塞违"孔颖达疏："德者，得也。谓内得于心，外得于物，在心为德，施之为行，德是行之未发者也。"（孔颖达：《春秋左传正义》，阮元校刻：《十三经注疏》，第1741页）

[3] 李宗侗：《中国古代社会新研》，北京：中华书局，2010年，第30、122页；斯维至：《说德》，《人文杂志》1982年第6期。

的一切，都是由天所命……则人的道德根源，当亦为天所命"，指明德来自天。[1]有学者通过讨论甲骨卜辞中的"𢼸"字，指出"德"的原始意义为顺从祖先神、上帝神，暗示德源于祖先、上帝。[2]有学者在分析《尚书》"商书"相关篇目后，提示商人之"德"来源于天命与高祖。[3]有学者讨论了商周时期祖先之德传于子孙，指出德源自祖先。[4]有学者则强调先王、先祖是

---

[1] 徐复观：《中国人性论史》，第29页。

[2] 孟旦：《早期中国"人"的观念》，丁栋、张兴东译，北京：北京大学出版社，2009年，第213页；Vassili Kryukov（刘华夏），"According to bronze inscriptions, the ultimate possessors of de are Heaven and the High God (Shang di), since they can 'send' de down to people… Besides Heaven and Shang di, de is in the privileged possession of dead kings and other aristocratic ancestors." ["Symbols of Power and Communication in Pre-Confucian China (On the Anthropology of de): Preliminary Assumptions", *Bulletin of the School of Oriental and African Studies*, University of London, Vol. 58, No.2 (1995)]；巴新生：《试论先秦"德"的起源与流变》，《中国史研究》1997年第3期。

[3] 晁福林：《先秦时期"德"观念的起源及其发展》，《中国社会科学》2005年第4期。

[4] 杜正胜：《从眉寿到长生——医疗文化与中国古代生命观》，台北：三民书局，2005年，第207页。

德的传递者。[1] 总之，对于德的来源问题，学者们在以往的研究中虽有涉及，但未进行系统论述。本节缕析西周至孔子时代德的来源、成德途径的产生与变化，以从这一侧面进一步分析有周时期"德"之发展演变情况以及周代社会观念的变化。

## （一）德之源："上帝降德"与"祖考之德"

征之文献，可知周人并不曾确凿地说明德的来源。然而细绎相关论述，则显见在周人的观念中，德确有其源。周人认为，德的来源主要有两个途径：一，天或上帝；二，祖先。

西周青铜铭文显示，当时人们认为德的重要来源

---

[1] 参看 Constance Cook（柯鹤立）一系列论文，特别是："Ancestor Worship during the Eastern Zhou" in J. Lagerwey and M. Kalinowski, eds., *Early Chinese Religion*, Leiden: Brill, 2009, p.237—279; "Education and the Way of the Former Kings," edited by Li Feng（李峰）, D. Branner, *Literacy in Ancient China*, University of Washington Press, 2011; Scott A. Barnwell, "The Evolution of the Concept of De（德）in Early China," edited by Victor Mair, *Sino-Platonic Papers*, Department of East Asian Languages and Civilizations, University of Pennsylvania, 2013 (235), p10.

"帅型祖考"

之一是天、上帝。西周中期史墙盘谓:"曰古文王,初
𪟽龢于政,上帝降懿德大屏,敷佑上下。"[1]铭文意谓
文王开始做到了政事和谐,上帝降懿德大定,普有天
下。盘铭清晰显示德降自上帝。同类铭文还有西周中
期㝬钟:"曰古文王,初𪟽龢于政,上帝降懿德大甹,
匍有四方,匌受万邦。"(《集成》00251)是说在很古远
的时代,上帝赋予文王以"德",文王遂广有四方,汇
合万邦。西周晚期的毛公鼎则谓"丕顯文武,皇天引
厭厥德,配我有周,膺受大命"(《集成》02841),称
颂光明伟大的文王、武王,上天长足其德,当受大命。[2]
周人德之观念的产生,与其天命观紧密联系在一起。
出土于陕西宝鸡的西周早期何尊(《集成》06014)铭
文表明,周初之时,周人即已将天命与德联系起来。
但由上述墙盘等铭文看,周人明确德由天、上帝所降,
或是在西周中期以降。铭文中的懿德,学者多根据传
世文献,从古注释家之说,将其理解为文王美德。然
而,铭文谓"懿德"由上帝所降,显然这个"德"不是

---

[1] 《集成》10175。
[2] 《尔雅·释诂》:"长也。"(邢昺:《尔雅注疏》,见阮元校刻《十三经注疏》,第2570页)厌(厭),足。

### 三、"帅型祖考"和"内得于己"

由个人内在所生发出的情感、意识,它外在于人,与"内得于己"之德还有差距,很难说"懿德"就是文王美德。另外,西周金文和周代文献中有"求德"之说,既"求"而得之,则不可说"德"为内在之德。西周中期的冟仲觯"匄三寿、懿德、万年"(《集成》06511),匄,求也。《诗经·周颂·时迈》亦谓"我求懿德,肆于时夏","德"由所求而来,那么这个"德"仍然是外在之德。

以上毛公鼎等三例铭文中的"德",还不完全具有后世道德之义,但可以明确的是,德是天、上帝赐予文王、武王,而非文王、武王天然具有德行。德由天降的观念至春秋战国时期仍然可见,清华简《周公之琴舞》说"天多降德,滂滂在下"[1],滂滂,盛大之貌,是说盛大之德从天而降。孔子甚至也曾说过"天生德于予,桓魋其如予何!"[2] 表达出德由天生因此而具有

---

[1] 李学勤主编:《清华大学藏战国竹简》(叁),上海:中西书局,2012年,第132页。
[2] 《论语·述而》。按,孔子所说的"天生德于予",意在表明德具有绝对性,与西周人所信仰的德由天降并不等同,但从字面看,德与天有关。

"帅型祖考"

绝对性的意义。[1] 可以说在周人的观念中，德由天降，天是德的重要来源。

那么，在天之外呢？天之外，周人观念中德的另一来源，就是先祖。西周彝铭多有称颂祖考"克哲厥德""秉德恭纯"之语，表明祖考为德的拥有者。例如西周晚期大克鼎载：

大克鼎（铭文）

克曰：穆穆朕文祖师华父，聪襄厥心，宇静于猷，淑哲厥德，肆克恭保厥辟恭王，谏辪王家，

---

[1] 战国时期有关天德的论述也不少见，如河北平山所出战国中期中山王𰯼鼎所谓"有厥忠臣贾……敬顺天德，以左右寡人"（《集成》02840）就是一例。

## 三、"帅型祖考"和"内得于己"

惠于万民,柔远能迩,肆克□于皇天,□于上下,晕纯亡愍,赐黉无疆,永念于厥孙辟天子。(《集成》02836)

克追美其祖师华父种种善行懿德,谓其"淑哲厥德"。"淑哲厥德""克哲厥德""穆秉明德""秉德恭纯"类状祖考之语习见于西周铭文,如西周中期伯戜簋、善鼎、师望鼎(分见《集成》04115、02820、02812),西周晚期梁其钟、丼人妄钟(分见《集成》00187、00109)、逑盘、四十二年逑鼎、[1] 虢叔旅钟(《集成》00238)等等。彝铭中的"淑"为美善之意,[2] 或用为动词,意为修善。"哲",《说文》训"知也"[3],《尔雅·释言》谓"智也"[4],义同明。"淑哲厥德"指先祖修善、明察德;"克哲厥德"义与之类似,指先祖明其德;"穆秉

---

[1] 刘怀军、刘军社:《陕西眉县杨家村西周青铜器窖藏》,《考古与文物》2003年第3期。

[2] 《诗经·邶风·燕燕》:"淑慎其身。"郑笺:"淑,善也。"(孔颖达:《毛诗正义》,见阮元校刻《十三经注疏》,第298页)

[3] 段玉裁:《说文解字注》,第56页。

[4] 邢昺:《尔雅注疏》,见阮元校刻《十三经注疏》,第2585页。也有学者将"哲"读为"慎",参见陈剑《说慎》,《甲骨金文考释论集》,北京:线装书局,2007年,第39页。

明德",指先祖庄重地持守明德;恭纯,与"秉德"并列,恭有奉、承之义,[1] 纯则有美、善义,[2] "秉德恭纯"指先祖持德受善。生者称颂祖考修善、明察其德、秉持明德,显然祖先是有德之人。

然而,祖先之德又是从何而来?文王、武王之德由天、上帝所施予,但祖考之德的来源是什么,周人却没有明确的说法。可以肯定的是,祖考并不是天然地具有德行,因为文王、武王那样的圣王也并非天生有德。或许可以推想,冥冥中,周人以为祖先之德亦与天有关?周人认为,先祖去世之后在天上。周贵族之祖考尽管并不如周先王一般配天帝、在帝廷、在帝

---

[1] 《尚书·甘誓》:"今予惟恭行天之罚。"孔安国传:"恭,奉也。"(孔颖达:《尚书正义》,见阮元校刻《十三经注疏》,第155页)
[2] 《吕氏春秋·士容》:"纯乎其若钟山之玉。"高诱注:"纯,美也。"(陈奇猷:《吕氏春秋新校释》,上海:上海古籍出版社,2002年,第1709页)《史记·汉兴以来诸侯年表》司马贞索隐:"纯,善也。"(《史记》卷17《汉兴以来诸侯年表》,北京:中华书局,1959年,第801页)

左右，[1] 然而周贵族常常宣扬前文人“其严在上”[2]，即已说明在周人的心目中，去世的祖先其实是如同周先王一般，在天上的。先祖既在天上，其德是否可由天赋予？不过，周人却从未宣谕先祖之德由天而来。质言之，关于祖考之德的来源，周人并未有明确的思路。

天、帝与祖考是德之重要来源，天之德与祖考之德的内容是什么？

由墙盘、痶钟、毛公鼎诸铭文看，天、上帝所降与文王、武王之德，就是铭中所说的“敷有上下”“匍有四方”“匌受万邦”，即广有天下、溥天大定，实际就是文王、武王所得到的君临天下之权。[3] 可堪注意

---

[1] 如㝬簋：“前文人，其频在帝廷陟降。”（《集成》04317）㝬钟：“我隹司配皇天。”（《集成》00260）逨盘：“文王武王挞殷，膺受天鲁令……用配上帝。”（刘怀军、刘军社：《陕西眉县杨家村西周青铜器窖藏》）斁狄钟：“先王其严在帝左右。”（《集成》00049）南宫乎钟：“（天子）畯永保四方，配皇天。”（《集成》00181）㝬钟铭文显示，不但先祖在帝廷陟降，且自身也可配天。

[2] 关于“严在上”之义的辨析，学者多有讨论。综论参见陈英杰《西周金文作器用途铭辞研究》，北京：线装书局，2008 年，第 365 页。

[3] 西周青铜铭文显示，文武之德主要是天降之德，强调文武广有天下。但若结合传世文献，则可见文武受命、秉受天德，实由于文王、武王之品行。《尚书》《诗经》中记有文、武特别是文王之德行，详见下节。

"帅型祖考"

的是，上帝、天所施予的德，仅限于达致文王武王，而不传递于一般贵族。因此，周人虽然在意识中十分明确天是德的来源，但天启之德并不提供一般周人获取德的有效途径。

大克鼎（器）

与天之德不同，祖考之德包含有别样的因素，它主要体现了祖考之精神素质和操守品行。揆诸铭文，祖考之德主要包含两方面因素：第一，品格气质方面的因素。[1]如大克鼎（见左图）铭文赞美祖先"穆穆朕文祖师华父"，"穆穆"，祖先恭敬庄重之貌。[2]"聪襄厥心，宇静于猷"，意谓先祖其心也明，

---

[1] 祖考之德或包括更多内容，如世卿世禄很有可能即其中义项，此处暂不探讨。

[2] "穆穆翼翼"表示祖先恭敬谨慎的样子。"穆穆"，恭敬。《尚书·吕刑》："穆穆在上，明明在下。"孔安国传："躬行敬，敬在上。"（孔颖达：《尚书正义》，见阮元校刻《十三经注疏》，第248页）

## 三、"帅型祖考"和"内得于己"

且有大谋略。[1] 梁其钟谓皇祖考"穆穆異異（翼翼）"，褒美祖考庄重谨慎。[2] 这些内容皆是对祖先性格气质的描述。第二，祖先功勋方面的因素。西周铭文多称扬祖先功勋卓著，辅翊天子，克定四方，可谓"善继人之志，善述人之事"（《中庸》）。如大克鼎赞颂先祖"肆克恭保厥辟恭王，諫辥王家，惠于万民，柔远能迩，肆克□于皇天，□于上下，昪纯亡愍，赐釐无疆"，意谓先祖师华父敬辅其君恭王，安正周邦，[3] 和顺万民，

---

[1] 聪，明，蔡侯钟作："既聪于心，诞中厥德。"（《集成》00210）襄，成也，《左传》定公十五年："不克襄事"杜预注："襄，成也。"（孔颖达：《春秋左传正义》，见阮元校刻《十三经注疏》，第2152页）明成于心，即赞其祖先其心也明。宇静于猷，金文中又有"宇慕远猷"。宇，《尔雅·释诂》："大也。"猷，《尔雅·释诂》："谋也。"（邢昺：《尔雅注疏》，见阮元校刻《十三经注疏》，第2568、2569页）静，安也。《诗经·邶风·柏舟》："静言思之。"毛传："静，安也。"（孔颖达：《毛诗正义》，见阮元校刻《十三经注疏》，第297页）"宇静于猷"是说有大谋略。

[2] "異"，假为"翼"，《诗经·大雅·大明》："小心翼翼。"《尔雅·释训》："翼翼，恭也。"（邢昺：《尔雅注疏》，见阮元校刻《十三经注疏》，第2589页）指态度的严谨恭悫。

[3] "諫辥"还见于害鼎"諫辥四方"（吴镇烽：《害鼎铭文考释》，《文博》2007年第2期），作册封鬲"諫辥四国"（王冠英：《作册封鬲铭文考释》，《中国历史文物》2002年第2期）。諫，正也。《周礼·地官·司徒》"司諫中士二人"郑玄注："諫，犹正也。"（孔颖达：《周礼正义》，见阮元校刻《十三经注疏》，第698页）辥，即"乂"字，治理。逑盘作"保奠周邦，諫辥四方"，"保奠"与"諫辥"为同义连用，"諫辥王家"意与此相近。

安远而善近；恭敬上下神祇，[1] 有厚美而无忧。[2] 再如，西周中期单伯昊生钟歌颂先祖"丕显皇祖、烈考，逑匹先王，恪菫大命"（《集成》00082）。逑、匹，皆为辅助之意，"恪菫大命"则指辅佐周王恭受天命。[3] 梁其钟追念先祖"农臣先王，羁纯亡愍"，谓先祖勉力辅弼、臣事周王。[4] 此类铭文甚夥，不赘举。总之，祖

[1] "□"字，郭沫若、马承源释为"顼"。（参见郭沫若：《两周金文辞大系图录考释》，上海：上海书店，1999年，第121页；马承源：《商周青铜器铭文选》第3册，北京：文物出版社，1988年，第216页）然彝铭中"页"字写法与此字右部之"皀"不同。陈梦家释为"琁"。（参见氏著：《西周铜器断代》，北京：中华书局，2004年，第261页）皆与字形有所不合，故暂不隶定。"上下"在金文中常用为上下神祇，如毛公鼎、蔡侯申钟、史墙盘等，此处"□于上下"或应为恭敬天神地祇之意。

[2] "羁屯无敃/愍"，"羁"字之释未有确解；屯多读为纯，有厚、美之义。徐中舒认为"得屯"犹言得全。（参见氏著：《金文嘏辞释例》，原载《中央研究院历史语言研究所集刊》第6本第1分，1936年，第29页，又收入氏著：《徐中舒历史论文选辑》，北京：中华书局，1998年，第543页）敃/愍，《说文》："愍，痛也。"（许慎撰，段玉裁注：《说文解字注》，第512页）愍亦有忧义，《左传》昭公元年："吾代二子愍矣。"孔颖达疏引服虔云："愍，忧也。"（孔颖达：《春秋左传正义》，见阮元校刻《十三经注疏》，第2020页）无愍即无忧而有福。

[3] "恪"字之释，学者尚有不同意见，暂从旧释。

[4] "农臣先王"，农，《广雅·释诂》："勉也。"（王念孙：《广雅疏证》，北京：中华书局，1983年，第84页）"御于厥辟"，御，侍奉。《国语·郑语》："实御在侧。"韦昭注："御，侍也。"（《国语》卷16，上海：上海古籍出版社，1988年，第520页）

## 三、"帅型祖考"和"内得于己"

先之德的另一重要因素是生时效力王室、出纳王命、捍御王身,为王之股肱,可称之为"政德"[1]。

尤与天之德不同的是,祖考之德可以传布和散播,施及子孙,从而使生者、后人也具有拥有德之可能性。但祖先之德并非自然传递至子孙,它需要子孙效法祖先、模仿祖先,这样一种成德的路径,就是周人自誓的"肇帅型祖考之德"。"肇帅型祖考之德"意谓子孙敬敏地以伟大的祖考为效法对象,遵循祖考之行。[2] 可以说,"肇帅型祖考之德"意味着周人对于德之来源、

---

[1] "政德"之称见于西周、春秋时期青铜铭文,如逨钟"帅用厥先祖考政德",王子午鼎"惠于政德",还见于王孙诰钟(河南省文物研究所、河南省丹江库区考古发掘队、淅川县博物馆:《淅川下寺春秋楚墓》,北京:文物出版社,1991年,第118页)、叔夷钟(《集成》00272)。

[2] 肇,敏,指勤勉。《尚书·文侯之命》:"汝肇刑文武。"孙星衍疏引《释诂》云:"肇,敏也。"(氏著:《尚书今古文注疏》,北京:中华书局,1986年,第547页)帅,循。《国语·周语上》:"帅旧德而守终纯固。"韦昭注:"帅,循也。"(《国语·周语上》)型,本义为模,《说文》:"型,铸器之法也。"段注:"引申之为典型"(许慎撰,段玉裁注:《说文解字注》,第688页)。关于子孙学习祖先之德,学者亦有所涉及,如赵伯雄:《先秦"敬"德研究》,《内蒙古大学学报》1985年第2期。

"帅型祖考"

对于修德具有了最初的思考。[1]包含有"肇帅型祖考之德"语的一类铭文通常格式一致、路数固定：作器者先颂扬祖先"克哲厥德"或"穆秉明德"——此为溢美祖先部分，接以作器者自誓"不敢弗帅型皇祖考之德"——此为过渡、转折语，转折至生者部分——生者宣誓绳其祖武，其中蕴含有生者自我期许的意味。此类铭文甚多，毋庸遍引，惟以西周中期番生簋盖

番生簋盖（铭文）

---

[1] Vassili Kryukov（刘华夏）也认为"德"可传递至子孙，但是通过对祖先的祈祷和祭祀而获取，"De is not the private property of individuals, it belongs to the clan and can be transmitted to posterity. At the same time grace（引者按：此处指"德"）is not attained automatically through simple clanship succession. It must be pleaded for through prayers and sacrifices dedicated to ancestors."〔"Symbols of Power and Communication in Pre-Confucian China (On the Anthropology of "*de*"): Preliminary Assumptions"〕其说偏重于仪式方面的意义，但从"肇帅型祖考之德"上下文意看，"德"之获取不单仰赖仪式，而包含主观方面的意愿。

### 三、"帅型祖考"和"内得于己"

铭文（见左图）为例：

> 丕显皇祖考，穆穆克哲厥德，严在上，广启厥孙子于下，勴于大服。番生不敢弗帅型皇祖考丕丕元德，用䚸圂大命，屏王位，虔夙夜，溥求不朁德，用谏四方，柔远能迩。(《集成》04326)

番生首先赞许祖先有德，祖先在上，荫翳后人，广泛地启迪在下之子孙，升于大服，职事王家。[1] 接着，番生表白自己不敢不以祖考之大德为典范。接续祖考

---

[1] "勴于大服"，大克鼎作"勴克大服"，班簋作"陞于大服"(《集成》04341)。郭沫若说："勴，即《广雅》'踚，拔也'之踚……'勴克王服'者谓擢克于王官，擢又即勴之后起字矣。"(氏著：《西周金文辞大系图录考释》，第122页) 陈梦家亦释为踚，并引《方言》一曰"登也"(氏著：《西周铜器断代》，第262页)。陈英杰将"勴于大服"与金文中"用易康勴"相联，以为"勴"读为协，"协克王服"即和合、妥善胜任王官。(氏著：《西周金文作器用途铭辞研究》，第443页)

87

"帅型祖考"

之德后，番生用以申固大命，[1] 辅佐周王，日夜虔敬，[2] 大求明德，以正四方，怀远善近。[3] 可以看到，作器者宣称"不敢弗帅型皇祖考丕丕元德"，意味着祖考之德可通过效法传递至生者，生者进而将其发扬光大、荣耀祖考。番生簋等一类铭文显示，由祖先所传递的、生者所赓续的德皆是围绕定大命、屏王位而施展，生

---

[1] 䚇圌之释，参见杨树达：《积微居金文说》，上海：上海古籍出版社，2007年，第48页；于省吾：《墙盘铭文十二解》，中山大学古文字研究室：《古文字研究》第5辑，北京：中华书局，1981年；裘锡圭、李家浩：《谈曾侯乙墓钟磬铭文中的几个字》，《裘锡圭学术文集》第3卷，上海：复旦大学出版社，2012年，第54页。

[2] 于省吾指出："经传及金文凡言夙夜，皆寓早夜勤慎之意。"（氏著：《泽螺居诗经新证》，北京：中华书局，1982年，第81页）

[3] 屏，为屏障，辅佐之义。《诗经·小雅·桑扈》："万邦之屏。"毛传："屏，蔽也。"（孔颖达：《毛诗正义》，见阮元校刻《十三经注疏》，第480页）䚇，字亦见于戎生钟："皇考叔伯……懿肃不䚇。"（保利藏金编辑委员会：《保利藏金——保利艺术博物馆精品选》，广州：岭南美术出版社，1999年，第120页）䚇通慉，段玉裁注《说文》："䚇，今《民劳》《十月之交》《尔雅》字皆作慉。"慉，《说文》："痛也。"（许慎撰，段玉裁注：《说文解字注》，第203、512页）亦有忧意。不䚇即不忧。字亦可读为僭，僭有乱、差义，《尚书·汤诰》："天命弗僭。"孔安国传："僭，差。"（孔颖达：《尚书正义》，见阮元校刻《十三经注疏》，第162页）《诗经·大雅·抑》："不僭不贼。"毛传："僭，差也。"（孔颖达：《毛诗正义》，见阮元校刻《十三经注疏》，第556页）不僭即不乱。不䚇德，当是正德之义。（参见李学勤：《戎生编钟论释》，《文物》1999年第9期；裘锡圭：《戎生编钟铭文考释》，《裘锡圭学术文集》第3卷，第111页）

## 三、"帅型祖考"和"内得于己"

者则无不以继承祖考之德、奔走今王、赋政于外而自任,这是西周贵族型效祖先的重要内容。

在"帅型祖考"之外,西周金文亦常见祖考"广启某身"之语,如西周晚期叔向父禹簋铭文:"叔向父禹曰:余小子司朕皇考,肇帅型先文祖,恭明德,秉威仪,用申恪奠保我邦、我家,作朕皇祖幽大叔尊簋,其严在上,降余多福、緐釐,广启禹身,勖于永令。"(《集成》04242)"广启某身"之某为作器者。广,大。启,《说文》:"教也。""广启某身"意谓祖考对于子孙有广泛的佑助、导启之作用,与"帅型祖考"所表达的观念相类。值得注意的是,"帅型祖考德"、祖考"广启某身"一类铭文,多出现于西周中期以后,这或许说明,在此一时期周人有关"德"的观念、有关修德路径的思考基本成熟。

要之,在周人心目中,天与上帝、祖考是德的重要来源。天所灌注下来的德,只有周天子如文王、武王才拥有,其内涵主要是文王、武王大有天下。祖考之德,则体现祖考精神气质及行为举止,重点内容是祖考生时庄重谨慎、劳于周邦。这一类型之德可以传布、流传,周人通过遵循、效法祖考,就有可能获"德",

成为秉"德"之人,这是西周时期人所发明的"修"德的重要途径。应当说,周人在明确了德的概念后,随之而来的重大突破就是对德之来源、承受德之途径有了初步思考。周人提出的"帅型祖考之德"观念,在传统文化有关德之起源、成德路径问题思考的历程中,是转戾性的步骤,它开启了由关注天德转而注重人德的路途,[1]为社会中人们的成德开辟了可由之径,俾使个体修德成为可能,从而向春秋时期儒家自我成德的路径迈出了关键性步伐。

## (二)"仪刑文王"与文王之德

周人依靠"帅型祖考"而发明出一条修德的路径,

---

[1] 德由天向人转换,学者也有所提及。如李存山说:"(孔子)把中国人的道德观念从外在的、强制的天启之'德'……引入了'仁'的内心自律。"(氏著:《饮食·血气·道德——春秋时期关于道德起源的讨论》,《文史哲》1987年第2期)Constance Cook(柯鹤立)指出 "during the Western Zhou period, ancestors connected to a founder king of a particular geographical region were required intermediaries for obtaining de, but by the Warring States period, the literati had broken loose from this requirement and internalized the old rituals for purposes of individual self-enlightenment," ("Education and the Way of the Former Kings", p.11) 本文写作亦曾受到柯老师启发。

### 三、"帅型祖考"和"内得于己"

不啻为德修历程中的重要关节点。它将德由距离遥远的天降之德转向"近取诸譬"的祖考之德,从"天生之德"转至通过学习、模仿而可得的后天养成之德,为儒家开创"内得于己"的修身路径提供了可能性。然而需要注意的是,周人同样有"仪刑文王"的观念,即以文王为效法典范。仪刑文王,自然应当包括效法文王之德,如此看来,以文王为典范,也不失为成德的一种方法。但是,若以文王为型范,其效仿的内容是什么?对于周人是否切实可行?

"仪刑文王"句,出自《诗经·大雅·文王》:"上天之载,无声无臭。仪刑文王,万邦作孚。"是说上天之事,悄无声息,而效法文王,是探知天意的最好方法。[1] 诗篇落脚点在于强调度知天命对于周人的重要意义。事实上,《文王》全篇赞颂周文王受天之命、作立周邦,以及告诫殷遗"自求多福",并未明确指出向文王学习的具体内容,因之虽有"仪刑文王"说法的提出,但并没有提供可行的路径。此外,关于《文王》

---

[1] 毛传:"载,事。刑,法。孚,信也。"郑笺:"天之道难知也,耳不闻声音,鼻不闻香臭,仪法文王之事,则天下咸信而顺之。"(孔颖达:《毛诗正义》,见阮元校刻《十三经注疏》,第505页)

的写成时代,孙作云、于省吾曾指出作于西周末叶。[1]若是,则"仪刑文王"观念的提炼、成熟相对较晚。

观之周代文献,西周铭文所称颂文王的内容,无外"憼龢于政""敷有四方""膺受大命"(如毛公鼎、㝬钟、墙盘、师克盨、逨盘)一类,主要是从文王造始周邦方面来说,而多数传世文献有关文王之德的叙述也仅止于此。较为详细的描述出自《尚书·康诰》《无逸》两篇。《康诰》说:"惟乃丕显考文王,克明德慎罚,不敢侮鳏寡。庸庸、祗祗、威威、显民,用肇造我区夏。"文王之德,体现于惠恤穷民,不慢鳏夫,用可用、敬可敬、刑可刑,以此而示民。[2]《无逸》说:"文王卑服,

---

[1] 孙作云认为《文王》作于西周晚期,且是宣王朝诗。(参见氏著:《诗经与周代社会研究》"论二雅",北京:中华书局,1966年,第344—363页)于省吾指出:"旧说多谓此诗为周公所作,殊有未合。此诗词句调畅,押韵流利,在章法上前一章的末句与下一章的首句所用的'蝉联格',较之西周中叶常见用韵的金文,已经达到进一步的发展。此诗著作时代不仅不是周初,也不是西周中叶,而是属于西周晚期","《文王》共七章,自第三章以下,也是用同样的承接方法(引者按,指每章的首句,都是承接了上章的末句加以变化,蝉联而下),这种章法结构,可以叫做'连锁递承法',连锁递承法是从形式上各自为章的诗篇发展而来的。足征《文王》在大雅中是比较晚的作品。"(氏著:《泽螺居诗经新证》,第138、216页)

[2] 孔颖达:《尚书正义》,见阮元校刻《十三经注疏》,第203页。

## 三、"帅型祖考"和"内得于己"

即康功田功。徽柔懿恭,怀保小民,惠鲜鳏寡。自朝至于日中昃,不遑暇食,用咸和万民。文王不敢盘于游田,以庶邦惟正之供。"是说文王克勤克俭,以美道和民,又加惠于鳏寡之人,思虑政事,无自逸豫。就两篇所记看,文王"膺受天命"、作周立邦、保惠庶民和勤行其政的观念在周人当中根深蒂固。但需要指出,这类懿行善政皆与身在天子位有关,[1]是为天子之德。[2]

文王之德昌明,自当是溥天之下周人所引以为楷模的,但两周金文中习见的却是"帅型祖考之德",以祖先为典范。而且,不但周之贵族自称"帅型祖考",就是周王行册命之时,也要勉励受封者"型乃先祖考",指导他们以各自的祖先为仪刑,而不是以学习先王相号召。例如陕西眉县杨家村铜器窖藏所出四十二年逨

---

[1] 有关周文王之武功,先秦典籍中仅有只言片语,如《诗经·大雅·緜》记录文王与西戎的斗争,《诗经·大雅·皇矣》《文王有声》《大明》描述了文王与商方国的斗争。

[2] 《诗经·大雅·思齐》亦为歌颂文王之诗,此诗所述文王之德与一般文献有所不同,称扬了文王追孝先祖、安宁百神、内正人伦、外施其化、推举俊乂之士等。而整个诗篇则着眼于"刑于寡妻,至于兄弟,以御于家邦"——以文王之德化成天下的模式。这一模式强调的是文王之德的化成作用,是文王"帅以正,孰敢不正"由上而下的影响力,与"仪型文王"强调周人自下而上以文王为典范的学习方式并不相同。

"帅型祖考"

㝬鼎谓:"王若曰:逑,丕显文武,膺受大令,匍有四方。则繇唯乃先圣祖考,夹召先王……余弗叚忘圣人孙子……汝唯克型乃先祖考。"[1] 周王册命逑之时,先颂扬文武王受命,次言逑之祖先辅弼周先王之功,再勉励逑"克型乃先祖考",诫勉逑步武先祖功烈。著名的大盂鼎亦记载王册命盂时曰:"命汝盂型乃嗣祖南公。"(《集成》02837)指示盂以其祖南公为榜样。西周中期师𩵦鼎也记述王曰:"用型乃圣祖考,隣明令辟前王,事余一人。"(《集成》02830)鼓励𩵦学习祖考之德。上述册命铭文中,周王皆命受封者追循、仿效他们各自祖考之德。可以说,以祖考为典范是周代社会极为普遍的观念、意识,从天子至贵族,深入人心。

然而考诸文献,可见其中确有记述以文王为典范者,需进一步辨析。《诗经·周颂·我将》开篇即曰:"仪式刑文王之典。"[2] 宣称将以文王为效法榜样。不过,高亨指出《我将》其实是叙写武王出兵伐殷,祭祀上

---

[1] 刘怀军、刘军社:《陕西眉县杨家村西周青铜器窖藏》。
[2] 毛传:"仪,善。刑,法。典,常。"(孔颖达:《毛诗正义》,见阮元校刻《十三经注疏》,第588页)"仪式刑文王之典"见《左转》昭公六年、《汉书·刑法志》,其中"典"作"德"。

## 三、"帅型祖考"和"内得于己"

帝和文王。[1] 因之，此篇所称"仪式刑文王之典"的主语，是武王而非一般周人。秉承文王之德、以文王为典范者多限于周王群体，此层意思还见于其他文献。孔颖达疏《文王》毛传，谓："毛以为戒成王，言天之大命既不可改易，故常须戒惧此事。当垂之后世，无令止于汝王之身而已，欲令后世长行之。"按照毛、孔之说，提出"仪刑文王"观念的《文王》之诗是戒成王之作，诗篇中所称的"仪刑文王"之人，是特指成王及文王后裔。再如《诗经·周颂·维天之命》谓："文王之德之纯，假以溢我，我其收之，骏惠我文王，曾孙笃之。"诗篇赞颂文王之德饶衍后人，但《诗序》却指出，此篇诗旨是："大平告文王也。"郑玄云："告大平者，居摄五年之末也，文王受命不卒而崩，今天下

---

[1]《诗序》说此诗为"祀文王于明堂也"，孔颖达疏："《我将》诗者，祀文王于明堂之乐歌也。谓祭五帝之于明堂，以文王配而祀之。"（孔颖达：《毛诗正义》，见阮元校刻《十三经注疏》，第588页）但高亨则曰："《我将》是《大武》舞曲的第一章，叙写武王在出兵伐殷时，祭祀上帝和文王，祈求他们保佑。"（氏著：《诗经今注》，上海：上海古籍出版社，1980年，第480页）高氏又说："武王伐殷正是继承文王的事业，所以说'仪式型文王之典'。"（氏著：《周代大武乐考释》，《文史述林》，北京：中华书局，1980年，第87页）孙作云对于《我将》是否为《大武》第一章，有不同意见。（参见氏著：《诗经与周代社会研究》"周初大武乐章考实"，第249页）

大平，故承其意而告之。"[1] 郑玄意谓此诗为周公告成王而作。还有学者指出此篇是周王祭祀周文王的乐歌。[2] 无论是告成王抑或周王祭祀文王，诗篇中"受文王之德"者，皆是特指文王"曾孙"而不包周之贵族阶层。尤可注意的是，此篇描述了文王之德的传递："文王之德之纯，假以溢我，我其收之。"关于此句之释，前人意见各不相同。[3] 其实，"纯"有厚意，金文嘏辞

---

[1] 孔颖达：《毛诗正义》，见阮元校刻《十三经注疏》，第505、583页。

[2] 高亨：《诗经今注》，第476页。

[3] 毛传曰："纯，大；假，嘉；溢，慎；收，聚也。"郑笺谓："纯，亦不已也；溢，盈溢之言也……以嘉美之道饶衍与我。"（孔颖达：《毛诗正义》，见阮元校刻《十三经注疏》，第584页）《左传》襄公二十七年引此诗作："何以恤我。"朱熹云："何之为假，声之转也，恤之为溢，字之讹也。……言文王之神将何以恤我乎，有则我当受之，以大顺文王之道。"（氏著：《诗集传》，北京：中华书局，1958年，第224页）胡承珙以"假""諴""何"三字为说，曰："盖'諴'者，正字；'假'者，借字；'何'则声之误也。"他说"溢"当从毛传释为"慎"，"假以溢我"谓"以嘉美之道戒慎我子孙"。（氏著：《毛诗后笺》，合肥：黄山书社，1999年，第1501页）马瑞辰谓："《说文》'諡，嘉善也'，引《诗》'諡以谧我'。諡与假双声，谧与溢字异而音义同"，谧有静义，故"假以溢我"意为"善以绥我"。（氏著：《毛诗传笺通释》，北京：中华书局，1989年，第1044页）陈奂以为"嘉"与"諴"声通，谧、溢、恤为同声假借。（氏著：《诗毛氏传疏》下，上海：商务印书馆，1935年，第4页）林义光曰："假读为胡，假、胡、古同音通借。"亦读"溢"为"谧"。（氏著：《诗经通解》，上海：中西书局，2012年，第393页）

## 三、"帅型祖考"和"内得于己"

中常有"纯禄"之称,即厚禄;"假"有至、来之意,《诗经·大雅·烝民》:"昭假于下。"郑笺:"假,至也。"[1]"溢",当读若"易(赐)"。西周金文"易(赐)"可写为"益",郭沫若曾指出两者实为简繁关系。[2]《维天之命》中,"假以溢我"为同意连用,指文王之德与我、赐我,而我(曾孙)秉受之,其所表达的意思是文王之德在周王中自相递送、代代相传。

文王之德主要在其后周王中传布、散播,此点也可证之于青铜铭文。西周早期大盂鼎记载:"王若曰:盂!丕显文王,受天有大令,在武王嗣文乍邦,闢厥匿,敷有四方……今我唯即井(型)禀于文王正德,若文王令二三正……"(《集成》02837)大盂鼎一般被认为是康王世器,铭文中,周王先称颂文武受命克殷,然后授予盂重要职务,王表示其将型效、秉持文王正德。这是西周金文中明确记载以文王为型帅对象之一例。可注意的是,康王为文王曾孙,贵为天子,文王

---

[1] 孔颖达:《毛诗正义》,见阮元校刻《十三经注疏》,第568页。
[2] 郭沫若:《由周初四德器的考释谈到殷代已在进行文字简化》,《郭沫若全集》考古编6《金文丛考补录》,北京:科学出版社,1982年,第221页。

之德正是其所应当仪刑的。另外，西周中期班簋为文王之孙毛伯班所作，铭文记载周王令毛伯班"更虢城公服"，继承虢公之职位，在征东国之后，毛公"告厥事于上"[1]，他拜稽首曰："呜呼！丕显丮皇公，受京室懿釐，毓文王姒圣孙，登于大服，广成厥功。文王孙亡弗怀型，亡克竞厥烈。"班赞扬伟大的父亲受周宗室之福，升于重要职位，大成其功业。[2] 毛班作为文王之孙，[3] 思慕效法皇公，莫能比其光烈。作器者毛伯称"文王孙亡弗怀型"，看似其所效法的是文王，但细勘铭文，则知其所引以为典范的其实是"丕显皇公"，即其父考而非文王。因之，在现实中以文王为效法对象的多限于周王群体，且重要内容是保有天命。

综合上述，周人虽有"仪刑文王"的思路，但在

[1] 铭文的这个"上"字，或说指周王，或说指在上之神灵。
[2] 《班簋》释文考释参见郭沫若：《班簋的再发现》，《文物》1972年第9期；唐兰：《西周青铜器铭文分代史征》，北京：中华书局，1986年，第346页；李学勤：《班簋续考》，中国古文字研究会、陕西省考古研究所、中华书局：《古文字研究》第13辑，北京：中华书局，1986年。
[3] 关于毛伯的身份，学者意见不同。郭沫若认为是《尚书·顾命》中之毛公，亦即文王子毛叔郑；于省吾以为是《穆天子传》中之毛班（氏著：《穆天子传新证》，考古学社：《考古社刊》第6期，1937年）；唐兰指出毛伯是毛公的长子（氏著：《西周青铜器铭文分代史征》，第349页）。

### 三、"帅型祖考"和"内得于己"

实践中"型效祖考"却更为普遍。贵族所志所学,独在祖考,由此而造成的一种局面就是文王之德与祖考之德如有所隔。其中缘故盖在于文王之德固然广被天下,且从广义方面来说,其德属于周之天下四方所有,供周人全崇尚、效法。[1] 但文王之德从根本上来说是天子之德,其德所传递的主要是后世周王,偏重为王朝继承,是周天子以外的贵族所不能也不当觊觎的。相比于文王之德,祖考之德更为切近。首先,祖考之德主要关乎贵族之操行与素质,足资后代效仿。其次,文王虽是名义上最尊崇的周王,但其与贵族之间的关系在若隐若现之际。相反,贵族之世袭、厚禄、社会地位、权力均来自于祖考,祖考是宗族专有的守护者,其德对于宗族有特殊意义。西周册命铭文中常见周王授予贵族职事时称"更乃祖考事"。更,续之意,即王

---

[1] 应当指出,"帅型祖考"若层层上推,最终仍至于周文王。《诗经·大雅·文王》说:"文王孙子,本支百世。"意谓周文王的子孙,大宗、小宗皆世代相传,绵延不绝。

"帅型祖考"

命贵族继续职事先祖之职位。[1]"更乃祖考事"与"帅型祖考之德"实为一体之两面,"更乃祖考事"是在实际方面从祖考处有所得——得其职位、得其世禄,而"帅型祖考之德"则是在精神方面有所得——得其气质、得其操行,两者相辅相成,互为表里。

这样说来,西周贵族所说的"德",的确具有一定的家族性,是在家族内部所传递的"德"。学者曾指出:"每一家族各有他们的德,周王一定强调文王、武王之德,其他诸侯卿大夫也都追述开宗立家的祖考。"[2] 勘视西周社会,确乎如此。周王有周王之德,贵族有贵族之德,各有各的理路,春秋时人谓:"诸侯不敢祖天子,大夫不敢祖诸侯。"[3] 揆诸西周时期之德,或可说贵族不能效仿天子之德。其间的原因,可说宗法等级制度使然。还需要补充的是,文献记载中,非周王

---

[1] 如智鼎:"王若曰:智,令汝更乃祖考司卜事。"(《集成》02838)山东高青陈庄所出引簋:"王若曰:引,余既命汝更乃祖鄦司齐师,余唯申命汝。"(方辉:《高青陈庄铜器铭文与城址性质考》,《管子学刊》2010年第3期)此例颇多,不烦备举。

[2] 杜正胜:《从眉寿到长生——医疗文化与中国古代生命观》,第207页。

[3] 孔颖达:《礼记正义·郊特牲》,见阮元校刻《十三经注疏》,第1448页。

## 三、"帅型祖考"和"内得于己"

而称以文王或先王为典范者，多出自西周以后。如《尚书·文侯之命》记载周平王奖励晋文侯，谓："汝克绍乃显祖，汝肇刑文武。"勉励文侯追寻文、武之德。此篇作于平王东迁之后，已入春秋纪年。[1] 此外，晋公盙铭文谓："晋公曰：我皇祖唐公膺受大命，左右武王，龢燮百蛮……公曰：余虽今小子，敢帅型先王，秉德秩秩，固燮万邦。"(《集成》0342）新近公布的晋公盆铭文则作："(晋)公曰：余唯今小子，敢帅型先王，秉德秩秩。"[2] 铭文夸耀晋之始祖唐叔虞受天命，协助武

---

[1] 此篇的时代，《尚书序》谓："平王锡晋文侯秬鬯圭瓒，作《文侯之命》。"（孔颖达：《尚书正义》，见阮元校刻《十三经注疏》，第253页）《史记·晋世家》等则以为是周襄王册命晋文公。（《史记》卷39《晋世家》，第1663页）

[2] 吴镇烽：《晋公盘与晋公盙铭文对读》，复旦大学出土文献与古文字研究中心网站2014年6月22日，http://www.gwz.fudan.edu.cn/SrcShow.asp?Src_ID=2297。

"帅型祖考"

王，威令百蛮。晋公[1]则自称要以先王为准绳，持德肃静，定和万邦。铭文有"帅型先王"句，但两例铭文的时代均为春秋末期。春秋晚期，晋公明白宣布以先王为效法典范，此种说法不见于西周铭文，[2]足以窥见春秋时期社会结构与观念意识变化之大略。

总之，正如有学者将周人的政治机制称为"典范

---

[1] 关于此晋公的身份，学者有不同说法，杨树达、郭沫若、唐兰、马承源等先生释为"雗"，认为是晋定公午，即《史记·晋世家》所记"顷公卒，子定公午立"顷公之子。（参见杨树达：《积微居金文说》，第55页；郭沫若：《两周金文辞大系图录考释》，第231页；唐兰：《晋公雗盨考释》，《唐兰先生金文论集》，北京：紫禁城出版社，1995年；马承源：《商周青铜器铭文选》第4册，北京：文物出版社，1990年，第587页）于省吾、李学勤、谢明文等以为与《左传》昭公四年所记楚灵王请婚于晋有关，时为晋平公。（参见于省吾：《双剑誃吉金文选》，北京：中华书局，2009年，第229页；李学勤：《晋公盆的几个问题》，文化部文物局古文献研究室：《出土文献研究》第1辑，北京：文物出版社，1985年；谢明文：《晋公盨铭文補釋》，复旦大学出土文献与古文字研究中心：《出土文献与古文字研究》第5辑，上海：上海古籍出版社，2013年）吴镇烽则据新见晋公盆，指出此铭中的晋公或为晋文公。（氏著：《晋公盘与晋公盨铭文对读》）

[2] 西周中期牧簋铭文有："（王若曰：）不用先王作型，亦多虐庶民……女毋敢弗帅先王作明型用。"（《集成》04343）西周晚期毛公鼎谓："（王曰：）汝毋弗帅用先王作明型，欲汝弗以乃辟陷于艰。"（《集成》02841）两例铭文似乎是说王勉励作器者以先王为效法对象，但其实，铭文中的"帅先王作明型"指遵循先王所立制度，非"型帅先王"之意。

## 三、"帅型祖考"和"内得于己"

政治",周人的确善于树立典范,效法典范。[1] 周人的典范有祖考、文王、武王、其他先王以及"孝友""有正"[2]等等,但是,由于文王、武王之德为天子之德,且周人之宗法中固有"诸侯不敢祖天子"之类层级因素,致使周人虽有"仪刑文王"之说,但在实践中周贵族群体却仍主要以各自祖考为模范。因此,在周人的"典范政治"中,"帅型祖考"模式最为普遍,影响也最为持久。周人以继承祖先之德自励,此成为家法,盛行于西周社会。"帅型祖考"模式不假上天、不藉上帝而找出德的依托,这是周人的新观念。周人依靠这一新观念,深刻引导了"纳上下于道德""以成一道德之团体"[3]的华夏古史发展进程。

---

[1] 参见常金仓:《西周的典范政治及其文化基础》,陕西历史博物馆编:《西周史论文集》(下),西安:陕西人民教育出版社,1993年,第706页。

[2] 《尚书·无逸》中周公为成王树立的典范有太王、王季、文王等周先王,又有殷中宗、高宗、祖甲等殷先王。西周早期曆鼎"孝友唯型"(《集成》02614),孝友为效法对象。西周晚期瘐簋"善效乃友"(《集成》04469),毛公鼎"善效乃有正",以有正为典范。

[3] 王国维:《殷周制度论》,《观堂集林》卷10,北京:中华书局,1959年,第454页。

## （三）"为民之极"："自我"的凸显与"成德"路径的转换

周人创造出以祖先为仪刑的修德途径，与西周时期的祖先崇拜密切关联。进入春秋战国以来，祖先崇拜发生变化，个体地位逐渐上升，周人有关"德"的来源以及如何修德的思考，也随之变化。

从一方面说，祖先崇拜在春秋战国时期依旧盛行，祖先仍然是生者夸美、祖述的对象。近出湖北随州文峰塔春秋晚期曾侯與钟铭文谓："曾侯與曰……择予吉金，自作宗彝。龢钟鸣皇，用孝以享于予皇祖，以祈眉寿，大命之长，其纯德降余，万世是尚。"[1] 曾侯與作钟以享于其祖，他祈祷眉寿、大命以及祖先"纯德降余"，希冀祖先之德施予其身。可见，德仍然来源于祖考。山东滕州庄里西战国早期司马楙镈铭文谓：

---

[1] 湖北省文物考古研究所、随州市博物馆：《随州文峰塔 M1（曾侯與墓）、M2 发掘简报》，《江汉考古》2014 年第 4 期。

## 三、"帅型祖考"和"内得于己"

"朕文考懿叔,亦帅型法则先公正德,俾作司马于滕。"[1]意谓父考懿叔生前以先公正德为效法榜样,为滕之司马。先祖之德仍是子孙成德的基础。河北平山战国中山王𰯼墓所出𰵕蚉壶铭文云:"於乎,先王之德,弗可复得。"(《集成》09734)𰵕蚉为中山王之子,他说美好的先王之德不可再有,表明祖考之德对于生者具有重要意义。

这一时期还有一类器铭虽未称秉受祖考之德,但就上下文意看,仍应当是承接祖先之德。出土于陕西宝鸡阳平的春秋早期秦公钟及镈铭文谓:"公及王姬曰:'余小子,余夙夕虔敬朕祀,以受多福,克明厥心,盭龢胤士,咸畜左右,蔼蔼允义,翼受明德,以康奠协朕国。'"(《集成》00262)秦公称"翼受明德"[2],却并不说受于祖先,但从铭文中"虔敬朕祀"看,仍是向祖先等神灵祭祀,求多福、求明德。战国中期令狐君嗣子壶铭亦云:"令狐君嗣子作铸尊壶,朿朿置置,康

---

[1] 山东省博物馆:《山东金文集成》,济南:齐鲁书社,2007 年,第 104 页。释文参考董珊:《试说山东滕州庄里西村所出编镈铭文》,复旦大学出土文献与古文字研究中心网 2008 年 4 月 24 日,http://www.gwz.fudan.edu.cn/SrcShow.asp?Src_ID=408。

[2] 翼,有敬义,此句可理解为敬受明德。

乐我家，犀犀康淑，承受纯德。"（《集成》09719）器主自谓"承受纯德"，亦当是秉承祖考之德。

祖先之德虽然重要，但从另一方面看，个体意识的增强，导致人们观念发生变化，德开始由祖先所有转而为生者所有。西周时期只有祖先"克哲厥德""穆秉明德"，至春秋战国时期，生者亦宣布自己秉持德行，德无须型效祖考而自来拥有。[1] 此种情况在春秋、战国时期的金文中并不少见。如春秋早期晋姜鼎铭文记载："晋姜曰：余唯司朕先姑君晋邦，余不暇妄宁，经雍明德，宣□我猷，用绍匹台辟，敏扬厥光烈……晋姜用祈绰绾眉寿，作疐为極，万年无疆，用享用德，畯保其孙子，三寿是利。"（《集成》02826）此器器主为晋国女君晋姜，其谓她继承先姑为晋邦之女君，[2] 她

---

[1] 西周时期生者也可有德，不过生者非自诩有德，而是王或上级对下级的劝勉。如西周早期大盂鼎铭文记载王曰："今余佳令女盂绍荣，敬雍德经。"勉励盂"敬雍德经"，表明生者可有德。陕西扶风强家村窖藏所出西周中期师𩛥鼎亦记载王夸奖器主"乃用心引正乃辟安德"。可见生人可持有其德。只是生者之德为上级褒奖之语，而非自我吹嘘，显示出西周时期个体的自我意识尚未得以突显。

[2] 《尔雅·释亲》："妇称夫之父曰舅，称夫之母曰姑。姑舅在则曰君舅、君姑，没则曰先舅先姑。"（邢昺：《尔雅注疏》，见阮元校刻《十三经注疏》，第2593页）此处"先姑"指晋姜丈夫之母。

### 三、"帅型祖考"和"内得于己"

宣称自己不敢闲逸荒宁,常和明德,[1]提供谋略。[2]在这里,晋姜自诩勤勉恭敬,且径直宣称自我常和明德,显然,德之所修,并不需要效法祖先,而是自身所有。同类的还有春秋早期秦子簋盖铭文:"有柔孔嘉,保其宫外。温恭穆秉德,受命□鲁,宜其士女。秦子之光,昭于闻四方。"[3]铭文中,器主称颂自己"温恭穆秉德",是说温和恭敬、庄重地持守德行,德亦为生者所自行拥有。

合以上二例铭文可见,德之来源问题在春秋战国

---

[1] 经雍明德,此句与大盂鼎"敬雍德经"、者㞘钟"虔秉丕经德"(《集成》00121)、陈曼簠"肇堇经德"(《集成》04595)以及《尚书·酒诰》"经德秉哲"句意相近,孔安国传"能常德持智"。(孔颖达:《尚书正义》,见阮元校刻《十三经注疏》,第207页)关于"经德"与"经德秉哲"之义,参见刘起釪《尚书校释译论》第3册,北京:中华书局,2005年,第1404页。

[2] "宣猷"见于传世文献,《诗经·大雅·桑柔》:"维此惠君,民人所瞻,秉心宣猷。"郑笺:"宣,遍;猷,谋……维至德顺民之君,为百姓所瞻仰者,乃执正心,举事遍谋于众。"(孔颖达:《毛诗正义》,见阮元校刻《十三经注疏》,第559页)

[3] 李学勤认为铭中的秦子当为秦文公太子,即静公。(参见氏著:《论秦子簋盖及其意义》,《故宫博物院院刊》2005年第6期)董珊、王辉认为是秦出子,即秦宪公之庶子。(参见董珊:《秦子姬簋盖初探》,《故宫博物院院刊》2005年第6期;王辉:《秦子簋盖补释》,见饶宗颐主编《华学》第9辑,上海:上海古籍出版社,2008年)另,"恭穆秉德,受命□鲁"句各家断句、释义亦有所不同。

## "帅型祖考"

时期发生了新的变化，在个人意识增强的社会背景下，德可由自我获取，而无需绳其祖武。[1] 至这一时期为止，德经历了由天德，到祖考之德，再落实为不假于天、不假于神灵的生者之德，这是德在发展历程中的又一大进步。不唯如此，由春秋晚期若干铭文看，不但个人之德不需要通过典范祖先而获取，甚至自身也能身为榜样，成为他人效法的楷模。个体意识的提升、对个人价值的肯定达到一个新水平。河南淅川下寺楚墓所出春秋晚期王子午鼎记载器主自谓："余不畏不差，惠于政德，淑于威仪，阑阑兽兽，令尹子庚繁民之所亟（极）。"[2] 器主王子午，即铭中的令尹子庚，楚国重

---

[1] Constance Cook（柯鹤立）也指出西周至春秋时期的这一变化，她认为春秋时期的人们由崇拜祖先转而尊崇圣人，而德的来源也转为"气"，"a major shift evident in all Spring and Autumn examples is the move away from the Zhou ancestral model to one involving either a pre-Zhou sage or none at all," "instead of conceiving of oneself as the privileged incarnation of ancestral de, one was merely a coagulation of qi, the cosmic vapor that composed all material objects—de was an accumulation of qi channeled through music"（"Ancestor Worship during the Eastern Zhou"），pp. 310, 312. 相关论述亦见"Education and the Way of the Former Kings"以及"Wealth and the Western Zhou", *Bulletin of the School of Oriental and African Studies*, 60.2, 1997。

[2] 河南省文物研究所、河南省丹江库区考古发掘队、淅川县博物馆：《河南淅川下寺春秋楚墓》，第 124 页。

## 三、"帅型祖考"和"内得于己"

臣,见诸史载。[1] 由铭文内容看,这件器当作于襄公十五年(前558年)至襄公二十一年(前552年)子庚为令尹期间。铭文中,令尹子庚自夸"不畏不差,惠于政德,淑于威仪,阑阑嚣嚣"。"不畏不差",是说王子午既不畏惧,也不谬差;[2] "惠于政德"句则说明令尹子庚以有政德而自居,[3] "阑阑嚣嚣",意谓安和恭敬,

---

[1] 杜预注《左传》襄公十二年"楚司马子庚聘于秦"句谓:"子庚,庄王子午也。"(孔颖达:《春秋左传正义》,见阮元校刻《十三经注疏》,第1952页)是时其为楚司马。《左传》襄公十三年记载南方吴国趁楚共王死而北上侵楚,司马子庚与养由基御吴"大败吴师"。再后,《左传》襄公十五年记"楚公子午为令尹",子庚升任楚令尹。关于这次任命,《左传》谓:"君子(谓):楚于是乎能官人。官人,国之急也。能官人,则民无觊心。"(孔颖达:《春秋左传正义》,见阮元校刻《十三经注疏》,第1959页)对子庚等人的任命予以高度评价。《左传》襄公十八年,令尹子庚率师伐郑,不料师出不利,"甚雨及之",遭遇疾风沐雨,"楚师多冻,役徒几尽",楚无功而还。三年之后,令尹子庚去世。

[2] 不畏不差:差,郑玄注《礼记·月令》"毋有差贷"谓"差贷,谓失误"。(孔颖达:《礼记正义》,见阮元校刻《十三经注疏》,第1383页)

[3] "惠于政德,淑于威仪",伍士谦释为:"为政以恩德服人……礼容美善。"(氏著:《王子午鼎、王孙诰钟铭文考释》,中国古文字研究会、山西省文物局、中华书局:《古文字研究》第9辑,北京:中华书局,1984年)马承源释为:"正德仁惠,威仪美善。"(氏著:《商周青铜器铭文选》第4册,第424页)赵世纲、刘笑春释为"既能施以政德,又不忘威仪",意谓"既能施以德政,又能以身作则,做出榜样"。(氏著:《王子午鼎铭文试释》,《文物》1980年第10期)

"帅型祖考"

临事不苟。[1]令尹子庚作器目的是祭祀祖考，但在铭文中，他简要说明要享孝于祖考、向祖考祈祷福佑后，立即过渡到对自己的赞颂。他表彰自己祭祀时恭敬谨慎，并且辅助楚王立有功勋。他甚至说"令尹子庚䌛民之所亟（极）"，亟，意为表率，称自己为四方民之表率。[2]王子午不仅炫耀他有政德，且更进一步地夸耀自己是民众之典范，其极力自我渲染的风格在当时来说可谓登峰造极。由自誓以祖考为典范到公然宣称"自我"即典范本身，春秋时期风气遽然变化，显可见矣。与王子午自我褒美风格相类的是春秋中晚期𫊣兵壶铭文：

---

[1] 关于"闌闌獸獸"，伍士谦取郭沫若、杨树达之释为"柬柬肃肃"，柬柬即简简，《商颂》"奏鼓简简"，言乐声之和；肃肃，《诗·烝民》"肃肃王命"笺"敬也"。《说文》"肃，持事振敬也。"（氏著：《王子午鼎、王孙诰钟铭文考释》）

[2] 关于"䌛"字，刘雨、卢岩释为"也"字，读作"令尹子庚也，民之所亟"，以为秦简中"殹"字与"也"字同（氏著：《近出殷周金文集录》第2册，北京：中华书局，2002年，第225页）此句之义，马承源释曰："殹，通作䌛，语辞，作唯解。《左传》襄公二十四年'王室之不坏，䌛伯舅是赖'，孔颖达疏云'唯伯舅大公是赖也'。亟，孳乳为极，在此用为表率的意思。《诗·大雅·江汉》'王国来极'，朱熹《集传》'极，中之表也，居中而为四方所취正'，班簋铭'乍四方亟'，义与此相似，即为四方之民的表率。"（氏著：《商周青铜器铭文选》第4册，第424页）

## 三、"帅型祖考"和"内得于己"

余郑太子之孙与兵,择余吉金,自作宗彝,其用享用孝于我皇祖文考,丕陈春秋岁尝。余严敬兹禋盟,穆穆熙熙,至于子子孙孙。参拜稽首于皇考烈祖,俾万世无期,亟(极)于后民,永宝教之。[1]

器主与兵自称郑太子之孙,在名前冠以先世的名号,颇有自矜身世的意味。他炫耀自己享孝于先祖,恭敬盟祀,他祈求先祖能佑使其万世无期,为后裔之表率。铭文并未记述器主特别之德,但在他的意识中,自己已然可以为子孙之准则。前引晋姜鼎铭文也说:"晋姜用祈绰绾眉寿,作疐为亟(极),万年无疆。"其中"作疐为亟"郭沫若指出:"'作疐'与'为亟'为对语,亟者极之省,谓为百政之总揆、庶众之准则也。"[2] 即晋姜亦祈祷为众之表率。2005年河南上蔡春秋楚墓所出竞孙旗也鬲谓:"竞孙旗也,乍铸䵼彝,追孝䌛尝,恭持明德,卲事辟王,畲哉不服,永保之用享,子孙

---

[1] 王人聪:《郑太子之孙与兵壶考释》,中国古文字研究会、中山大学古文字研究所:《古文字研究》第24辑,北京:中华书局,2002年。
[2] 郭沫若:《两周金文辞大系图录考释》,第230页。

是则。"[1] 此器也称扬器主为"子孙是则",为子孙之表率。总之,一方面"帅型祖考"仍然有效,另一方面生者的自我意识不断提升,可自封为他人之标准。

春秋时期个体意识凸显,自我价值提升,文献中实例比比皆是,仅以两例以资说明。鲁国叔孙豹"三不朽"之说已为人们耳熟能详,他否定了"保姓守祀"为"死而不朽"的观念,提出"大上有立德,其次有立功,其次有立言"为"三不朽"(《左传》襄公二十四年),凸显了个体建功立业及垂诸永久的强烈意识。又如《左传》鲁僖公二十五年,邢国引狄伐卫,卫受困至深,遂派大夫礼至诈降于邢,"掖杀国子(邢大夫)",以至卫侯灭邢。此役礼至居功至大,旋作铭以旌其"伐",《左传》述其事曰"礼至自以为铭曰:'余掖杀国子,莫余敢止'"[2]。杨伯峻指出:"金泽文库本作'礼至自以为

---

[1] 马俊才、张学涛:《上蔡县郭庄楚墓》,中国考古学会:《中国考古学年鉴(2007)》,北京:文物出版社,2008年,第297—299页。转引自吴镇烽:《商周青铜器铭文暨图像集成》第6册,上海:上海古籍出版社,2012年,第03036号。

[2] 礼至之铭与春秋晚期攻吴太子姑发𦥑反剑铭文可堪对比,其曰:"攻吴太子姑发𦥑反,自作元用,在行之先,员用员获,莫敢御余。"(安徽省文化局文物工作队:《安徽淮南市蔡家岗赵家孤堆战国墓》,《考古》1963年第4期)器主自称"莫敢御余",其自得的心态溢于铭中。

## 三、"帅型祖考"和"内得于己"

铭曰',多'自以'两字。"[1] 礼至的时代,为春秋中期,但其"莫余敢止"所表达的自矜心理正可与上举春秋时期铭文对照,映射出春秋时期人自我肯定、自伐其历的精神样态。[2]

与个体意识提升相伴随的,是春秋时期"修德""内省德"的说法十分显著。《左传》庄公八年记载,齐师、鲁师联军围郕,郕却只降于齐师,鲁之仲庆父请伐齐师,庄公却说:"不可。我实不德,齐师何罪?罪我之由。《夏书》曰:'皋陶迈种德,德乃降。'姑务修德以待时

---

[1] 杨伯峻:《春秋左传注》,北京:中华书局,1990年,第430页。竹添光鸿曰:"古者有为自矜之铭以为重器者,礼至铭杀国子,襄十九年季武子铭'得齐兵',是也。"(氏著:《左氏会笺》,成都:巴蜀书社,2008年,第561页)有关礼至之铭的分析,参见韩高年:《春秋时期的铭论与铭体》,《文学遗产》2009年第6期。

[2] 其实,生者可为他人表率在西周时期即已出现,西周中期班簋:"王令毛伯更虢城公服,屏王位,乍四方极。"陈梦家说:"'乍四方极',犹毛公鼎的'命女及一方',《君奭》'作汝民极',《商颂·殷武》'商邑翼翼,四方之极',韩诗齐诗作'京邑翼翼,四方是则',故郑笺训极为则效。"(氏著:《西周铜器断代》,第26页)是说王令毛伯班为四方之榜样。《诗经·小雅·六月》叙写尹吉甫奉周宣王命讨伐猃狁获致胜利,诗篇赞颂尹吉甫"文武吉甫,万邦为宪",意谓尹吉甫为天下万国之榜样。但称毛伯班、尹吉甫为四方之则者,出自周王之勉励以及诗篇之赞颂,与春秋时人自诩为人之表率有显著不同。

乎？"[1]庄公提出当种树德行，以德怀人。《左传》昭公四年记，楚欲争霸，晋平侯不许，司马侯语于晋平侯曰："晋、楚唯天所相，不可与争。君其许之，而修德以待其归。"提示晋侯当自我修德以待时局之变，自我修德成为贤明之士身处缤纷之局中的应对法则。更进一步，人们开始自我省察，并提出"内省德"的说法。《左传》僖公十九年，宋人围曹，意欲争霸，司马子鱼言于宋公曰："文王闻崇德乱而伐之，军三旬而不降，退修教而复伐之，因垒而降……今君德无乃犹有所阙，而以伐人，若之何？盍姑内省德乎？无阙而后动。"司马子鱼劝谏宋襄公"内省德"，从上下文意看，此"内省德"是如当年文王伐崇不克退而修教，尚不明确带有将德内化的含义，但其所说"省德"，已包含自我省察的意味，距离德之内转、心内之德的出现为时不远。

---

[1]《左传》此处所引《夏书》曾被伪古文《尚书·大禹谟》搀入其中。清儒阎若璩揭发其误，谓其"承讹踵谬""令人失笑"。(氏著：《尚书古文疏证》卷1，黄怀信、吕翊欣校点，上海：上海古籍出版社，2010年，第35页) 依阎若璩所说，固然可以把"德乃降"三字作为《左传》之语，但将此三字作为《夏书》语，也未尝不可。黄怀信指出，此三字"未必不是《书》语"。(黄怀信：《尚书古文疏证》，"前言"，第10页)

三、"帅型祖考"和"内得于己"

综括上述,"德"在春秋时期获得的重要发展,是德由祖先所有转而为生者所有。生者不必尽依祖先而行,对于祖先神灵的仰赖逐渐转移至对于自身行为举止的专注、省察。这是顺应春秋时代以来的人文倾向,且更向前迈进一步,也是学者常常所说的由宗教信仰转而为人文精神。从天德降而为个人之德,大约经历了有周一代的漫长时段。唯可补充的是,生者有德、自身有德,虽在一定程度上是周代贵族阶层普遍的意识,但他们仍然未能自觉地展开对德之来源问题的思考与体悟,并且春秋时期的"德"也更多地保留在政德的层面,[1] 而未能充实扩展个人之德的内容。明确思考德之来源,以及将贵族之政德转向君子之道德,则要俟诸孔子及其儒家学派。

## (四)余论:周代的"天德"与"祖德"

在描述先秦时期的信仰特征时,学者常以"敬天

---

[1] 关于春秋时期的人文倾向以及春秋时期的政德,请参阅徐复观:《中国人性论史》"先秦篇",第20页;陈来:《古代思想文化的世界——春秋时代的宗教、伦理与社会思想》,北京:三联书店,2009年,第272页。

"帅型祖考"

法祖"概括之,是为确论。然"敬天法祖"本身,亦有一重大转变,即存在由"敬天"向"法祖"的过渡。"天"与"祖",原本是周人观念中德之来源的两途,而德之来源由天向祖考转移,则有其巨大意义:周人依赖"帅型祖考"的模式,使得主体之人可以越过天这一层级、后天性地具有"德",这是德修发展过程中的关键环节。此后,儒家学派循着人文精神的路线,进一步开创出"内得于己"的成德路径,使得先秦时期德之来源、修德途径等经历由外而内的转化过程,中国传统文化中有关德之来源的思考至此方臻于圆满。此一发展路径,可大致概括为由"帅型祖考"向"内得于己"的发展、演变。

值得申论的是,西周时期天德、祖考之德的区分,另有意义。如前所述,天德只赐予文王、武王而非整个周之贵族群体,周之贵族所可效仿的,是祖考之德。周王"仪刑文王",贵族"帅型祖考",这就造成了各家有各家之德的格局。但从另一个角度看,周王之德与贵族之德的区分不单是一家一姓之德的问题,还牵涉到王、臣之德的区分。周人铭文中那些自誓"帅型祖考之德"的贵族,往往出身于世代担任王官、势力

## 三、"帅型祖考"和"内得于己"

雄厚的世族,[1]其所型效的祖先多为周王之臣下,因而在这一系统中,祖考之德与臣德在一定程度上相合,文王之德与祖考之德固不限于为一姓一宗之私德,而是意味着有了初步的君德与臣德的区分。[2]

王之德、臣之德的区分与确立,其意义非同寻常。王国维在对比殷周异同时,曾指出:"自殷以前,天子、诸侯君臣之分未定也……周初亦然,于《牧誓》《大诰》皆称诸侯曰'友邦君',是君臣之分未全定也。逮克殷践奄,灭国数十,而新建之国皆其功臣、昆弟、甥舅,本周之臣子;而鲁、卫、晋、齐四国,又以王室至亲为东方大藩,夏、殷以来古国,方之蔑矣。由是天子之尊,非复诸侯之长而为诸侯之君。"[3]王国维主要是从分封制的层面比较商周制度上的异同,他所指出的商周之际君臣之分未定是毋庸置疑的事实。周之制度

---

[1] 刘源:《试论西周金文"帅型祖考之德"的政治内涵》,《周秦伦理文化与现代道德价值国际学术研讨会论文集》,西安:陕西人民出版社,2008年,第24页。

[2] 这里的臣德是相对应于天子而言。张怀通亦论述了"对先祖之德的称颂,和对先祖楷模的'帅型',转化为现实的臣德"。(氏著:《西周祖先崇拜与君臣政治伦理的起源》,《河北师范大学学报》1997年第4期)

[3] 王国维:《殷周制度论》,《观堂集林》卷十,第466页。

"帅型祖考"

初步厘清了君臣秩序,如王国维所说"而天子诸侯君臣之分,亦由是而确定者也"。君臣之分的事实,是由制度的确立而获得保证,但制度的运行,必须有意识观念方面以相促成。西周早期有关臣德的具体内容,与祖考之德息息相关。西周时期君臣之间虽然有浓厚的血缘关系,但在宗法血缘框架内,周人确立了最初臣德的基本内容,由是而君君臣臣、君臣之分确立。

西周时期的臣德,其主要内容是捍御王身,其具体目标是"惠弘大命""屏王位",而其具体行为,则多如西周铭文所谓"虔夙夕敬厥死事天子""虔夙夕卹周邦,保王身,谏辞四或",可以抽绎为"敬"和"勤政"两项。这两项内容,也可谓臣德的最初内容。此类内容,与文献所记正相呼应,例如《诗经·大雅·假乐》说"百辟卿士,媚于天子。不解于位,民之攸墍",是说臣下爱戴天子,不怠于政。逮至春秋时期,有关臣之德的内容,获得进一步阐扬,例如《左传》昭公二十六年晏子与鲁昭公论齐国之政曰:"君令,臣共……君令而不违,臣共而不贰。"提出臣之德为"共(恭)"。《晋语·周语》载刘康公聘鲁返周后,言于周定王曰:"为臣必臣,为君必君。宽肃宣惠,君也;敬恪恭俭,臣

### 三、"帅型祖考"和"内得于己"

也……敬，所以承命也；恪，所以守业也；恭，所以给事也；俭，所以足用也。"刘康公将君德与臣德相比照，并就各自内容进行了阐述。同书《晋语》晋史黯说："夫事君者，谏过而赏善，荐可而替否，献能而进贤，择材而荐之，朝夕诵善败而纳之，道之以文，行之以顺，勤之以力，致之以死。"史黯着重阐明了何以为臣，并强调了勤政、死力以效君的重要性。合以上诸例，可见春秋时期臣之德的内容较之西周时期铭文中所记已大为扩展，但其基本义项如恭、敬、恪、懿、朝惕夕励却显然是上承西周时期内容而来。

总而言之，周代的祖考之德，在家族内来说为伦理之德，在家族以外说为政治之德。而在现实中，血缘伦理与政治准则合二而一、重叠并轨，由此建立起华夏传统文化早期的基本价值观念。

# 参考资料

**基本资料**

［1］ 阮元校刻:《十三经注疏》,北京:中华书局,1980年。

［2］ 朱熹:《诗集传》,北京:中华书局,1958年。

［3］ 马瑞辰:《毛诗传笺通释》,北京:中华书局,1989年。

［4］ 胡承珙:《毛诗后笺》,合肥:黄山书社,1999年。

［5］ 陈奂:《诗毛氏传疏》,上海:商务印书馆,1935年。

［6］ 王先谦:《诗三家义集疏》,北京:中华书局,1987年。

［7］ 林义光:《诗经通解》,上海:中西书局,2012年。

［8］ 高亨:《诗经今注》,上海:上海古籍出版社,

1980年。

[9] 孙星衍:《尚书今古文注疏》,北京:中华书局,1986年。

[10] 周秉钧:《尚书易解》,长沙:岳麓书社,1984年。

[11] 刘起釪:《尚书校释译论》,北京:中华书局,2005年。

[12] 杨筠如:《尚书覈诂》,西安:陕西人民出版社,2005年。

[13] 王聘珍:《大戴礼记解诂》,北京:中华书局,1983年。

[14] 竹添光鸿:《春秋左氏会笺》,成都:巴蜀书社,2008年。

[15] 杨伯峻:《春秋左传注》,北京:中华书局,1982年。

[16] 阮元注:《曾子十篇》(清经解本),上海:上海书店,1985年。

[17] 陆德明:《经典释文》,北京:中华书局,1983年。

[18] 许慎撰,段玉裁注:《说文解字注》,上海:上海古籍出版社,1988年。

[19] 王念孙:《广雅疏证》,北京:中华书局,1983年。

[20] 《国语》,上海:上海古籍出版社,1998年。
[21] 韦昭注:《国语》,上海:上海古籍出版社,1978年。
[22] 《后汉书》,北京:中华书局,1965年。
[23] 《三国志》,北京:中华书局,1964年。
[24] 王先谦:《荀子集解》,北京:中华书局,1988年。
[25] 吴毓江:《墨子校注》,北京:中华书局,1993年。
[26] 陈奇猷:《吕氏春秋新校释》,上海:上海古籍出版社,2002年。
[27] 王夫之:《船山全书》,长沙:岳麓书社,2011年。
[28] 阮元:《揅经室集》,北京:中华书局,1993年。
[29] 阎若璩著,黄怀信、吕翊欣校点:《尚书古文疏证》,上海:上海古籍出版社,2010年。
[30] 王念孙:《读书杂志》(中册),北京:中国书店,1985年。

## 中文近出论著和考古报告

### A

[1] 安徽省文化局文物工作队:《安徽淮南市蔡家岗赵家孤堆战国墓》,《考古》1963年第4期。

**B**

[1] 巴新生:《试论先秦"德"的起源与流变》,《中国史研究》1997年第3期。

[2] 保利藏金编辑委员会:《保利藏金——保利艺术博物馆精品选》,广州:岭南美术出版社,1999年。

**C**

[1] 曹锦炎:《说卜辞中的延尸》,《徐中舒先生百年诞辰纪念文集》,成都:巴蜀书社,1998年。

[2] 曹建墩:《先秦礼制探赜》,天津:天津人民出版社,2010年。

[3] 常金仓:《西周的典范政治及其文化基础》,陕西历史博物馆编:《西周史论文集》(下),西安:陕西人民教育出版社,1993年。

[4] 晁福林:《试论春秋时期的祖先崇拜》,《陕西师范大学学报》1995年第2期。

[5] 晁福林:《先秦时期"德"观念的起源及其发展》,《中国社会科学》2005年第4期。

[6] 陈秉新:《寿县蔡侯墓出土铜器铭文通释》,《楚文化研究论集》(二),武汉:湖北人民出版社,1991年。

[7] 陈剑:《甲骨金文考释论集》,北京:线装书局,2007年。

[8] 陈来:《古代思想文化的世界——春秋时代的宗教、伦理与社会思想》,北京:生活·读书·新知三联书店,2009年。

[9] 陈来:《古代宗教与伦理——儒家思想的根源》,北京:生活·读书·新知三联书店,1996年。

[10] 陈梦家:《寿县蔡侯墓铜器》,《考古学报》1956年第2期。

[11] 陈梦家:《西周铜器断代》,北京:中华书局,2004年。

[12] 陈明:《"威仪"与"文质"——王船山〈尚书引义·顾命〉中的礼学思想》,《中国哲学史》2014年第4期。

[13] 陈英杰:《西周金文作器用途铭辞研究》,北京:线装书局,2008年。

[14] 崔恒昇:《安徽出土金文订补》,合肥:黄山书社,1998年。

**D**

[1] 董楚平:《吴越徐舒金文集释》,杭州:浙江古籍出版社,1992年。

[2] 董珊:《秦子姬簋盖初探》,《故宫博物院院刊》2005年第6期。

[3] 董珊:《试说山东滕州庄里西村所出编镈铭文》,复旦大学出土文献与古文字研究中心网2008年4月24日,http://www.gwz.fudan.edu.cn/SrcShow.asp?Src_ID=408。

[4] 杜正胜:《从眉寿到长生——医疗文化与中国古代生命观》,台北:三民书局,2005年。

**F**

[1] 方辉:《高青陈庄铜器铭文与城址性质考》,《管子学刊》2010年第3期。

[2] 方述鑫:《殷墟卜辞中所见的尸》,《考古与文物》2000年第5期。

**G**

[1] 高亨:《周代大武乐考释》,《文史述林》,北京:中华书局,1980年。

[2] 葛英会:《说祭祀立尸卜辞》,《殷都学刊》2000

年第4期。

［3］ 郭沫若:《班簋的再发现》,《文物》1972年第9期。

［4］ 郭沫若:《两周金文辞大系图录考释》,上海:上海书店,1999年。

［5］ 郭沫若:《殷契萃编》第519条,北京:科学出版社,1963年。

［6］ 郭沫若:《由寿县蔡器论到蔡墓的年代》,《考古学报》1956年第1期。

［7］ 郭沫若:《由周初四德器的考释谈到殷代已在进行文字简化》,《郭沫若全集》考古编6《金文丛考补录》,北京:科学出版社,1982年。

**H**

［1］ 韩高年:《春秋时期的铭论与铭体》,《文学遗产》2009年第6期。

［2］ 河南省文物研究所等:《淅川下寺春秋楚墓》,北京:文物出版社,1991年。

［3］ 侯外庐、赵纪彬、杜国庠:《中国思想通史》第一卷,北京:人民出版社,1957年。

［4］ 湖北省文物考古研究所、随州市博物馆:《随州文峰塔M1(曾侯与墓)、M2发掘简报》,《江汉

考古》2014年第4期。

**M**

［1］ 马承源：《商周青铜器铭文选》，北京：文物出版社，1988年。

［2］ 马俊才、张学涛：《上蔡县郭庄楚墓》，中国考古学会：《中国考古学年鉴（2007）》，北京：文物出版社，2008年。

［3］ 孟旦：《早期中国"人"的观念》，丁栋、张兴东译，北京：北京大学出版社，2009年。

**L**

［1］ 连劭名：《殷墟卜辞所见商代祭祀中的"尸"和"祝"》，《徐中舒先生百年诞辰纪念文集》，成都：巴蜀书社，1998年。

［2］ 李存山：《饮食·血气·道德——春秋时期关于道德起源的讨论》，《文史哲》1987年第2期。

［3］ 李德龙：《先秦时期德观念源流考》，吉林大学博士学位论文，2013年。

［4］ 李雷东：《历史语境下的西周"威仪"观》，《甘肃社会科学》2013年第6期。

［5］ 李学勤：《班簋续考》，中国古文字研究会、陕西

省考古研究所、中华书局:《古文字研究》第13辑，北京：中华书局，1986年。

[6] 李学勤:《晋公盆的几个问题》，文化部文物局古文献研究室:《出土文献研究》第1辑，北京：文物出版社，1985年。

[7] 李学勤:《论秦子簋盖及其意义》，《故宫博物院院刊》2005年第6期。

[8] 李学勤:《论史墙盘及其意义》，《考古学报》1978年第2期。

[9] 李学勤:《戎生编钟论释》，《文物》1999年第9期。

[10] 李学勤主编:《清华大学藏战国竹简》（叁），上海：中西书局，2012年。

[11] 刘怀君、刘军社:《陕西眉县杨家村西周青铜器窖藏》，《考古与文物》2003年第3期。

[12] 刘源:《商周祭祖礼研究》，北京：商务印书馆，2004年。

[13] 刘源:《试论西周金文"帅型祖考之德"的政治内涵》，《周秦伦理文化与现代道德价值国际学术研讨会论文集》，西安：陕西人民出版社，2008年。

[14] 刘雨、卢岩:《近出殷周金文集录》第 2 册,北京:中华书局,2002 年。
[15] 刘钊:《释愠》,《容庚先生百年诞辰纪念文集》,广州:广东人民出版社,1998 年。
[16] 李宗侗:《中国古代社会新研》,北京:中华书局,2010 年。

**Q**

[1] 钱穆:《从东西历史看盛衰兴亡》,《中国文化丛谈》第一册,台北:三民书局,1993 年。
[2] 裘锡圭:《裘锡圭学术文集》第 3 卷,上海:复旦大学出版社,2012 年。

**S**

[1]《上海博物馆藏战国楚竹书》七,上海:上海古籍出版社,2008 年。
[2] 山东省博物馆:《山东金文集成》,济南:齐鲁书社,2007 年。
[3] 斯维至:《说德》,《人文杂志》1982 年第 6 期。
[4] 孙作云:《诗经与周代社会研究》,北京:中华书局,1966 年。

**T**

[1] 唐兰:《唐兰先生金文论集》,北京:紫禁城出版社,1995年。

[2] 唐兰:《西周青铜器铭文分代史徵》,北京:中华书局,1986年。

**W**

[1] 王冠英:《作册封鬲铭文考释》,《中国历史文物》2002年第2期。

[2] 王国维:《殷周制度论》,《观堂集林》卷10,北京:中华书局,1959年。

[3] 王辉:《秦子簋盖补释》,饶宗颐主编:《华学》第9辑,上海:上海古籍出版社,2008年。

[4] 王人聪:《西周金文"严在上"解——并释周人的祖先神观念》,《考古》1998年第1期。

[5] 王人聪:《郑大子之孙与兵壶考释》,中国古文字研究会、中山大学古文字研究所:《古文字研究》第24辑,北京:中华书局,2002年。

[6] 伍士谦:《王子午鼎、王孙诰钟铭文考释》,《古文字研究》第9辑,北京:中华书局,1984年。

[7] 吴镇烽:《晋公盘与晋公𥂴铭文对读》,复旦大学

出土文献与古文字研究中心网站 2014 年 6 月 22 日，http://www.gwz.fudan.edu.cn/SrcShow.asp?Src_ID=2297。

[8] 吴镇烽:《簋鼎铭文考释》,《文博》2007 年第 2 期。

[9] 吴镇烽:《商周青铜器铭文暨图像集成》,上海：上海古籍出版社，2012 年。

**X**

[1] 谢明文:《晉公䚄銘文補釋》,复旦大学出土文献与古文字研究中心:《出土文献与古文字研究》第 5 辑,上海：上海古籍出版社，2013 年。

[2] 徐复观:《中国人性论史》,上海：上海三联书店，2001 年。

[3] 徐中舒:《金文嘏辞释例》,《中央研究院历史语言研究所集刊》第 6 本 1 分,1936 年；又收入《徐中舒历史论文选辑》,北京：中华书局，1998 年。

[4] 徐中舒:《西周墙盘铭文笺释》,《考古学报》1978 年第 2 期。

[5] 徐中舒:《禹鼎的年代及其相关问题》,《考古学报》1959 年第 3 期。

## Y

[1] 杨树达:《积微居金文说》,上海:上海古籍出版社,2007年。

[2] 杨向奎:《宗周社会与礼乐文明》,北京:人民出版社,1992年。

[3] 于豪亮:《陕西省扶风县强家村出土虢季家族铜器铭文考释》,《于豪亮学术文存》,北京:中华书局,1985年。

[4] 于省吾:《泽螺居诗经新证》,北京:中华书局,2009年。

[5] 于省吾:《穆天子传新证》,《考古社刊》1937年第6期。

[6] 于省吾:《墙盘铭文十二解》,中山大学古文字研究室:《古文字研究》第5辑,北京:中华书局,1981年。

[7] 于省吾:《寿县蔡侯墓铜器铭文考释》,《古文字研究》第1辑,北京:中华书局,1979年。

[8] 于省吾:《双剑誃吉金文选》,北京:中华书局,2009年。

［9］ 于省吾：《双剑誃尚书新证》，北京：中华书局，2009年。

**Z**

［1］ 张怀通：《西周祖先崇拜与君臣政治伦理的起源》，《河北师范大学学报》1997年第4期。

［2］ 赵伯雄：《先秦"敬"德研究》，《内蒙古大学学报》1985年第2期。

［3］ 赵伯雄：《周人的先王崇拜》，《西周史论文集》，西安：陕西人民教育出版社，1993年。

［4］ 赵世纲、刘笑春：《王子午鼎铭文试释》，《文物》1980年第10期。

［5］ 曹建墩：《先秦礼制探赜》，天津：天津人民出版社，2010年。

［6］ 中国社会科学亚考古研究所编：《殷周金文集成》，北京：中华书局，2007年。

## 外文资料

［1］ Constance Cook, "Ancestor Worship during the Eastern Zhou" in J. Lagerwey and M. Kalinowski, eds., *Early Chinese Religion*, Leiden: Brill, 2009.

[2] Constance Cook, "Education and the Way of the Former Kings," edited by Li Feng, D. Branner, *Literacy in Ancient China*, University of Washington Press, 2011.

[3] Constance Cook, "Wealth and the Western Zhou," *Bulletin of the School of Oriental and African Studies,* 60.2, 1997.

[4] Irene J. Winter, "What/ When Is a Portrait?—Royal Image of the Ancient Near East", *Proceedings of the American Philosophical Society*, Vol. 153, No.3, September 2009.

[5] F. Ilchaman, *Titan, Tintoretto, Veroness: Rivals in Renaissance Venice* (Boston, 2009), 转引自 Irene J. Winter, *What/When Is a Portrait?—Royal Images of the Ancient Near East.*

[6] Peter A. Boodberg, "The Semasiology of Some Primary Confucian Concepts", *Selected Works of Peter A. Boodberg,* Berkeley: University of California Press, 1979.

[7] Scott A. Barnwell, "The Evolution of the Concept

of De（德）in Early China," edited by Victor Mair, *Sino-Platonic Papers*, Department of East Asian Languages and Civilizations, University of Pennsylvania, 2013 (235).

[8] T. Ornan, "The Godlike Semblance of a King", in *Ancient Near Eastern Art in Context*, edited by Jack Cheng and Marian H. Feldman, Leiden, Boston, 2007.

[9] Vassili Kryukov, "Symbols of Power and Communication in Pre-Confucian China (On the Anthropology of de ): Preliminary Assumptions", *Bulletin of the School of Oriental and African Studies*, University of London, Vol. 58, No.2 (1995).